Karl Sittl

# Dionysisches Treiben und Dichten im 7. und 6. Jahrhundert v. Chr.

Karl Sittl

**Dionysisches Treiben und Dichten im 7. und 6. Jahrhundert v. Chr.**

ISBN/EAN: 9783743662049

Hergestellt in Europa, USA, Kanada, Australien, Japan

Cover: Foto ©Thomas Meinert / pixelio.de

Weitere Bücher finden Sie auf **www.hansebooks.com**

V.—VII. JAHRESBERICHT

DES

KUNSTGESCHICHTLICHEN MUSEUMS

(V. WAGNER'SCHE STIFTUNG)

DER

UNIVERSITÄT WÜRZBURG.

MIT

PROGRAMM (XXIX.):

# DIONYSISCHES TREIBEN UND DICHTEN

## IM 7. UND 6. JAHRHUNDERT V. CHR.

VON

KARL SITTL.

MIT 12 TEXTABBILDUNGEN UND 3 KUPFERDRUCKTAFELN.

WÜRZBURG.

COMMISSIONSVERLAG DER STAHEL'SCHEN VERLAGS-ANSTALT

Königlicher Hof- und Universitäts-Verlag

1898.

# Inhalts-Verzeichnis.

# Jahresbericht.

Da 1896 mit Genehmigung des akademischen Senates kein Programm ausgegeben wurde, sondern die aus Anlass des II. bayerisch-hessischen archäologischen Anschauungskurses verfasste Schrift „die Anschauungsmethode in der Altertumswissenschaft“ (Gotha, Perthes) erschien und 1897 die Ausgabe eines populären Führers durch das neueröffnete Museum die dringendste Aufgabe war, so ist diesmal über einen Zeitraum von drei Jahren zu berichten; doch soll dies in aller Kürze geschehen, weil bei dem jährlichen Festakte ohnehin das Wichtigste mündlich mitgeteilt wurde.

Das Hauptereignis dieses Trienniums ist die sehr bedeutende Erweiterung der Räume, welche durch die Erbauung des neuen Kollegienhauses ermöglicht wurde. Die vielverzweigten Sammlungen des Museums konnten nun endlich in übersichtlicher Weise aufgestellt werden, worauf am 8. Juli 1897 die offizielle Eröffnung des neugestalteten Museums durch den Rektor Magnificus Dr. Schell erfolgte. Das Interesse an der Anstalt ist dadurch in erfreulicher Weise belebt worden.

Die Rücksicht auf den didaktischen Zweck, welchen ein Universitätsinstitut immer am höchsten halten muss, lässt die Katalogisierung des Vorhandenen als besonders wichtig erscheinen, weil es dann erst aufhört, ein totes Kapital zu sein. Die darauf gerichteten Arbeiten haben verhältnismässig bedeutende Fortschritte gemacht. Vollendet sind bisher ein Realkatalog der Bücher (ein Zettelkatalog lag bereits vor), ein Zettelkatalog sämtlicher archäologischer Photographien, Kupferstiche und Handzeichnungen, der topographisch-architektonischen Photographien und Stiche von Italien und der Stiche nach italienischen Meistern: in Arbeit befinden sich Zettelkataloge der Photographien nach neueren Meistern und der Reproduktionen von Bildern des 19. Jahrhunderts. Nach der vom akademischen Senate getroffenen Anordnung wird ausserdem der ganze Bestand neu inventarisiert: Vollendet sind bisher die Bände A. Mobilien, B. Bibliothek, C. 1. 2. Kupferstiche, D. Gypsabgüsse, E. antike Originale, F. Ölgemälde und Aquarelle, ausserdem das neue Inventar der Gold- und antiken Silbermünzen — im ganzen 21522 Nummern. In Arbeit befinden sich die Inventare der Reproduktionen von Bildern des 19. Jahrhunderts und der Kupferwerke.

Die Zugänge sind so zahlreich, dass ihre blosse Registrierung ein ganzes Heft beanspruchen würde; diese hätte aber um so weniger Zweck, als der wissenschaftliche Wert einer kurzen Beschreibung ohne Abbildung so gut wie Null ist. Indem ich also die wissenschaftliche Verwertung des Wichtigen auf künftige Programme verspare, nehme ich mir die Freiheit, nur das die Freunde des Museums Interessierende herauszuheben, indem ich im übrigen auf den „Führer“ verweise.

Seit der Neuaufstellung des Jahres 1897 sind infolge grösserer Anschaffungen umgeordnet worden die antiken Marmorwerke, die griechischen Bleie (Figuren, Gewichte u. s. w.), welche nunmehr einen eigenen Schaukasten füllen, und die elektrotypischen Nachbildungen griechischer Münzen, die jetzt so geordnet sind, dass sie die allmälige Entwicklung der menschlichen Figur zeigen. Was dagegen die nicht regelmässig ausgestellten Bestände anlangt, so sind hier an erster Stelle die grossartigen Schenkungen des Malers Franz Leinecker in München zu nennen. Schon die Überlassung zahlreicher eigener Bilder, welche unter unseren Landschaften des 19. Jahrhunderts stets sowohl das Interesse als die Sympathie der Besucher erwecken, würde uns zu warmem Danke verpflichten, aber der Künstler hat sich auch ein sozusagen wissenschaftliches Ziel gesetzt, dem er mit jugendlichem Eifer unermüdlich nachstrebt, die Kunst des bald scheidenden 19. Jahrhunderts nach allen ihren Richtungen in unseren Sammlungen vertreten zu sehen. Die seit zwei Jahren uns übermittelten Sendungen enthielten zusammen 2614 Kunstblätter, 143 Illustrationswerke, 6 Handzeichnungen, 1 Thonskizze, 41 Aquarelle und 27 Ölgemälde; unter den Aquarellen verdienen die sorgfältigen Kopien der Rottmann'schen Landschaften besondere Hervorhebung, von denen die der italienischen aus leicht zu erratenden Gründen mit der Zeit besonderen Wert gewinnen dürften. In dankbarer Anerkennung hat der Senat dem edlen Schenker die Jubiläumsmedaille der Universität zuerkannt. Zur Wagnerfeier dieses Jahres fand eine Ausstellung von ausgewählten Blättern, welche die Entwicklung der modernen französischen und englischen Malerei beleuchteten, statt, die sich eines sehr zahlreichen Besuches erfreute.

Der den Fachgenossen wohlbekannte Würzburger Numismatiker Lockner hat um das Münzkabinet sich dadurch verdient gemacht, dass er nicht blos die noch nach veralteten Grundsätzen katalogisierte Brakteatensammlung neu ordnete, sondern auch die antike Abteilung durch Schenkung einer ansehnlichen Zahl griechischer Münzen bereicherte, wie auch die vor einigen Jahren gebildete Sammlung antiker Materialien, Mosaikproben u. s. w. dank ihm eine sehr wesentliche Vermehrung erfahren hat; besonders merkwürdig sind die bemalten Muschelchen und Glasmosaikwürfel aus den Grotten des Kaisers Tiberius auf Capri.

Da in der benachbarten Universitätsbibliothek elektrische Beleuchtung eingeführt wurde, erschien es rätlich, diese Gelegenheit zur Einführung eines Projektionsapparates zu benützen, gegen welche bisher ausser anderen von sehr vielen Kollegen geteilten Bedenken technische Gründe gesprochen hatten. Innerhalb der Grenzen, wo er mir doch einen wirklichen Nutzen für den Unterricht zu haben scheint, wird er hoffentlich nicht sowohl suggerierend, als fördernd wirken. In den Vorlesungen des Sommersemesters wurden die ersten Proben gemacht. Der Vorrat von Lichtbildern ist durch eine Schenkung von Herrn Professor Jolly und in Konseqnenz besonderer Vorträge bereits ansehnlich.

Der Apparat fand auch schon Verwendung, als in der Pfingstwoche 1898 der III. bayerisch-hessische archäologische Anschauungskurs hier eröffnet wurde.

November 1898.

S.

# DIONYSISCHES TREIBEN UND DICHTEN

## IM 7. UND 6. JAHRHUNDERT.

# Vorbemerkung.

Ein Katalog der zahlreichen Antiken des Museums, zumal der bekannten Vasensammlung ist ein anerkanntes Bedürfnis; allein wenn er etwas mehr als ein Aggregat von einfachen Beschreibungen sein soll, gerät der Bearbeiter auf eine Menge von Problemen, deren Lösung lockt. So ist es nicht blos die Last vieler anderer Amtsgeschäfte, welche den oft geforderten und mehr als einmal versprochenen Katalog zurückhält. Unter jenen Problemen ist z. B. eines, welches die grösste Gruppe schwarzfiguriger Bilder betrifft: Ich meine die dionysischen. Man kennt die grosse Unsicherheit, welche über die Benennung der Personen und ihrer Stellungen herrscht[1]); indem ich versuchte, exegetische Regeln aufzustellen, bemerkte ich, dass die geringschätzigen Urteile, welche über die Masse dieser Vasen gerne gefällt werden, gewiss zum Teil ihre volle Berechtigung haben, dass aber hier trotzdem ein wertvolles Material zur Erkenntnis eines wichtigen Abschnittes der griechischen Kulturentwicklung vorliegt. Das bildliche Material zu erschöpfen, konnte mir nicht einfallen; aber ich glaube, so viel zusammengebracht und disponiert zu haben, dass Nachträge sich leicht einreihen lassen. Auch bei dieser Arbeit zeigte sich, dass Kunst und Dichtung eines Zeitalters sich gegenseitig beleuchten, wenn auch jede ihre in der Art liegenden Besonderheiten hat. Es ist ausserdem der Versuch gemacht, eine Erscheinung nur nach den zeitgenössischen Quellen, d. h. nach den schwarzfigurigen Vasen und den Resten der gleichzeitigen Dichter, insbesondere der Lyriker, darzustellen. Dass die schwarzfigurigen Silhouetten auch noch fortdauerten, als die neue Mode der roten Bilder schon herschte, ist mir natürlich nicht unbekannt; aber es wird sich zeigen, dass diejenigen, welche die altmodische Form mit neuen Ideen verbanden, verhältnismässig selten und leicht erkennbar sind. Bei der geschichtlichen Methode bleibt auch kein dunkler Winkel, wo das Zwischenreich der Mysterien hereinragen könnte; alles liegt hell und klar da. Wohl führt die gewissenhafte Darstellung auf Nachtseiten des damaligen Lebens. Auch diese darf man nicht verschweigen; man muss dies alles verstehen, freilich nicht um alles zu verzeihen! Aber die Begriffe von Anstand und guter Sitte wechseln nach den Perioden, so dass sie zu den wichtigsten geschichtlichen Kennzeichen gehören.

---

[1]) Ich habe es für eine Dankespflicht gegen die Verfasser mühevoller Kataloge gehalten, die mir notwendig erscheinenden Berichtigungen von Einzelheiten stillschweigend vorzunehmen.

# Verzeichnis der Abkürzungen.

A. = M. Collignon, catalogue des vases peints du musée de la société archéologique d'Athènes, Paris 1878;

B. = Königl. Museen zu Berlin. Beschreibung der Vasensammlung im Antiquarium, von Adolf Furtwaengler, Berlin 1885.

E. = E. Anthes, die Antiken der gräfl. Erbach-Erbachischen Sammlung, Darmstadt 1855.

G. = Ed. Gerhard, auserlesene griechische Vasenbilder, Berlin 1840—58.

I. = Inghirami, pitture di vasi fittili, Fiesole 1833.

K. = Grossh. vereinigte Sammlungen in Karlsruhe. Beschreibung der Vasensammlung v. H. Winnefeld, Karlsruhe 1887.

L. = Catalogue of greek and etruscan vases in the British Museum, II. Black-figured vases, by H. B. Walters, London 1893.

M. = O. Jahn, Beschreibung der Vasensammlung König Ludwigs in der Pinakothek zu München, München 1854.

Ma. = J. de Witte, description des vases peints de M. de M***, (Magnoncour). Paris 1839.

N. = H. Heydemann, die Vasensammlungen des Museo nazionale zu Neapel, Berlin 1872.

M. Gr. = Musei Etrusci... monimenta, Ausgabe von 1842.

Ö. = Masner, die Sammlung antiker Vasen und Terrakotten im k. k. österreich. Museum, Wien 1892.

R. C. = Raccolta Cumana: Heydemann a. O. S. 881 ff.

S. = Santangelo: Heydemann a. O. S. 621 ff.

W. = L. Urlichs, Verzeichnis der Antikensammlung der Universität Würzburg. 3. Heft, Würzburg 1872 (Feoli'sche Sammlung).

W. I = ders., 1. Heft. Würzburg 1865, S. 42 ff.

W. V. = Wiener Vorlegeblätter.

# Einleitung.

Die Zeit, welche Herodot in seinem ersten Buche schildert, sah auf allen Gebieten des öffentlichen und geistigen Lebens eine unruhvolle Beweglichkeit, wie sie grossen Umwälzungen voranzugehen pflegt. In den patricischen Staatsgebilden gährte es; die Tyrannen, welche an mehreren Orten die Zwietracht zu Schilderhebungen benützt hatten, entfalteten um die Wette einen nach griechischen Begriffen grossartigen Prunk; Athen bereitet seine künftige Grossmachtspolitik vor, indem es durch sein Kunstgewerbe den Weltmarkt erobert. Die bildende Künste, wie die Musik und die Lyrik gewinnen jetzt erst eine künstlerische Entwicklung; die Anfänge des Dramas und die Keime der spekulativen Wissenschaft eröffnen grossartige Aussichten auf die Zukunft.

Ein so inhaltsreiches Zeitalter verdient gewiss die eindringlichste Würdigung. Wer unter Altertumswissenschaft nur die eigentliche Philologie versteht, wird freilich auf die beschränkte Zahl dürftiger Splitter, die aus den Liedern jener Zeit geblieben, hinweisen; aber die Tausende schwarzfiguriger Thongefässe dürften uns denn doch in das Denken und Empfinden jener Menschen wenn nicht allseitig, doch nach vielen Richtungen einweihen. Gehen wir nun aber durch eine grössere, zeitlich geordnete Vasensammlung, indem wir die Gegenstände der Bilder ins Auge fassen, so zeigt sich, dass in jeder Periode gewisse Lieblingsstoffe vorherrschen. So sieht man in den roten Bildchen des freien Stiles Frauenliebe und -Leben und kein Ende; in der vorhergegangenen Periode hat der Maler sein Bestes gethan, Liebe, Wein und nächtliches Strassenleben zu zeichnen. Aus den schwarzen Figurengruppen aber blicken immer wieder Dionysos und seine Gesellen heraus — so ermüdend oft, dass die meisten achtlos an ihnen vorbeigehen. Ohne Zweifel hat an der Häufigkeit der dionysischen Bilder die Wichtigkeit des Weintrinkens für die Feintöpferei einen erheblichen Anteil; das Töpferviertel Athens gab dem Heros Keramos, den es verehrte, Dionysos und Ariadne zu Eltern. Aber dass nicht jenes Verhältnis allein ausschlaggebend war, beweist uns die gleichzeitige Litteratur, in deren Ueberresten Dionysos und das dionysische Leben so stark hervortreten, dass wir geradezu Bilder und Dichterverse zusammenordnen könnten. Keiner ist in der dionysischen Dichtung so weit gegangen wie der alte Anakreon, der, wie ein Grieche sagt: „seine ganze Dichtung an den Trunk hängte". Er hat den Geist des Gottes nicht anempfunden wie ein Weindichter des 18. oder 19. Jahrhunderts; seine Vaterstadt Teos, die den Weingott hoch verehrte[1]), lieferte schon zu Alkaios' Zeit „teische Trinkschalen" in die Geschlechter-Trinkstuben[2]). Dies Beispiel allein kann schon lehren, wie eng Dionysoskult und Kunsttöpferei, dionysisches Zechen und Liederdichtung zusammenhingen.

1) Preller-Robert, Mythologie I, 677.

2) Es erübrigt noch die teischen Vasen aus den „ionischen" herauszufinden.

I.

## Der Weingott im Familien- und Freundeskreise.

In Kulten des Altertums besteht so manches friedlich neben einander, was ethisch unvereinbar erscheint; aber Ceremonien, Abzeichen oder doch Namen erhalten auch da noch einigen äusseren Zusammenhang aufrecht, wo der erste Gedanke keine tiefere Wirkung mehr ausübt. Dionysos nun ist in der alten Zeit nichts anderes als der Spender des Weines; wenn seine Gabe erfreut, so kann sie, wie die ältesten Dichter noch mit besonderer Schärfe hervorheben selbst den verständigen Mann zu Ungehörigem verleiten. Aber alle Folgen gehen doch ursächlich von dem Gotte selbst aus, dem sie darum gefallen oder doch nicht missfallen werden. Diese Idee verbindet die würdigen, die heiteren und die unheiligen Handlungen, denen dieses Kapitel gewidmet ist.

Abb. 1

Über den Zusammenhang der Hauptscenen orientiert am besten der thönerne Dreifuss von Tanagra in Berlin (No. 1727)[1], welcher die feierliche Aufführung des Opfertieres, dann das Opfermahl und endlich den Tanz unbekleideter Männer zeigt; aus räumlichen Gründen beschränkt sich die Berliner Amphora No. 1690 auf Opferzug und Tanz.

Beginnen wir mit dem Opferzuge[2]. Dort treibt der Opferdiener ein Schwein vor sich her zum brennenden Altar; unter Vorantritt eines Flötenspielers folgen zwei Männer, von denen der eine den rituellen Zweig, der andere eine Art Krummstab trägt. Hier geht eine Frau mit Zweig und Korb (Kanephore) voran; dann wird das Opferferkel von einem Manne getragen. Hinter den zwei anderen, mit Zweigen ausgestatteten Männern schliesst ein Mann, welcher ausser dem Zweige Utensilien des Opfermahles trägt, den Zug. Bei einem Stieropfer ist die Ordnung etwas anders (L. 79 B)[3]. Ein Zweigträger eröffnet den Zug, worauf das Tier mit seinem Führer und der Flötenspieler folgen; die zweite Abteilung wird wieder von einem Zweigträger angeführt. Ist der Stier störrischer, so halten ihn zwei und die Ordnung ist etwas verändert (L. 80, 4)[4]. Während die erste Gesellschaft Gesicht und Hals mit dem dionysischen Mennig gefärbt zu haben scheint, kennzeichnen bei der zweiten Kränze die Festlichkeit der Handlung. Der weibliche Teil der Familie mag am Altare getanzt und gesungen haben (B. 2029); manche tragen das dionysische Festzeichen

[1]) Abgeb. Arch. Ztg. 1881. T. 3–4; Diapositiv Kroess.

[2]) Über die Dionysosopfer s. besonders Stephani im Compte rendu de l'Académie de St. Pétersbourg 1868, 148 ff. (M. 77 stellt aber ein Opfer an eine Göttin dar).

[3]) Abg. J. I, 33 u. 6.

[4]) Abgeb. Journal of hellenic studies I T. 7, vgl. p. 202. Das zweite Bild derselben Vase scheint die Vorbereitung zu einem Ziegenopfer zu zeigen; vgl. A. 811; Stackelberg, Gräber der Hellenen T. 16, 1.

der Frauen, das über den Oberleib geknüpfte Rehfell[1]. Das Opfer selbst und die Herrichtung des zum Opfermahle bestimmten Fleisches werden höchstens skizziert[2]. Den weiteren Gedankengang der athenischen Zeichner veranschaulicht ein unscheinbares Doppelbild (S. 191 A), wo auf der Vorderseite Dionysos hinter einem brennenden Altare sitzend zu sehen ist, während er hinten auf einem Ruhebette Platz genommen hat, um die Opfermahlzeit und seine eigene Gabe zu geniessen. In der Regel nämlich schildert der Maler statt der Opfermahlzeit den Gott, wie er, zu seinen geliebten Athenern herniedergestiegen, das Opfer gnädig annimmt. Das Brandopfer gestaltet sich mithin zu dem Bildtypus des gelagerten Dionysos, wie das Trankopfer zum Normalbild des sitzenden Gottes, der äusserlich nur durch Rebzweige von einem Sterblichen sich unterscheidet, aber in seliger Selbstgenügsamkeit keine Gäste braucht. Doch diese Motive sind in der Massenfabrikation abgeschliffen worden[3]; nur einzelne muten an, wie nach dem Leben beobachtet. Am besten ist es einmal der Fabrik des Nikosthenes (W. V. 1890/1 T. 5, 3b) gelungen: Dionysos, der zwischen zwei riesigen schattenspendenden Weinstöcken Platz genommen hat, ruft seine Mundschenkin, während von hinten ein Silen ihm vorflötet. Ausserhalb jener Laube springen ein Silen und eine Nymphe heran, denen ein mit dem Weinschlauch beladener Silen nur mühsam nachkommt. Ein anderes lebensvolles Bild (W. 331 B O) betont nur die Unterhaltung; daher hüpfen fünf Silene und vier Nymphen um den sitzenden Gott[4]. Die Genremaler stellten wohl nie den einsamen Trinker dar, sondern gaben ihm irgendwelche Gesellschaft. Doch unterschieden sich die Gelage sehr wesentlich dadurch, ob die Frau teilnahm oder ferne blieb.

In den einfachsten, also frühesten Verhältnissen hatte der weibliche Teil der Familie dem Familienvater beim Essen zuzusehen, wie es z. B. in Griechenland auf dem Lande noch der Brauch ist. Aus der Zeit, wo selbst vornehme Frauen keine höheren Ansprüche machten, sind zwei engverwandte Bilder erhalten, „Phineus“ auf der Würzburger Phineusschale und „Tydeus' Einkehr“ auf einem chalkidischen Gefässe[5]; beidemale liegt der Herr des Hauses allein auf dem Speisesofa, während die Frauen daneben stehen[6], und der Hund, der später so oft erscheint, ist noch gar nicht zugelassen. Wie Kypselos und Periander zu Korinth Hof hielten, glaube ich nach einem hochinteressanten Votivteller schildern zu können[7]. Auf einem Thronbett,[8]) neben dem ein niedriger Esstisch und ein Schemel

---

1) Nur Frauen (in aufgeschürzten Chitonen „laufend“) sind am Altar A. 348 zu sehen. Die Bilder tanzender Frauen findet man in Anhang IV 2.

2) L. 362 A [Micali, storia T. 96, 2 = Müller-Wieseler, Denkm. alter Kunst II No. 337]. Ein Ziegenbock wird allerdings nicht bloss dem Dionysos geopfert.

3) S. Anhang II 2. u. 3.

4) Die Masse der einschlägigen Bilder ist schematisch, weshalb ich sie in den Anh. II 2 verwiesen habe.

5) Jetzt in Kopenhagen: Arch. Ztg. 1866 T. 206 u. 6.

6) Die Phineusschale hat je zwei auf jeder Seite, die andere Vase nur das Paar links; wahrscheinlich gehört auch das Londoner Bruchstück aus der Troas (373 B) hieher, wo auf der anderen Seite ein junger Mundschenk beigefügt ist.

7) Benndorf, griech. und sicil. Vasenbilder T. 7.

8) Dieses Mittelding zwischen dem homerischen Stuhl und dem nachhomerischen Ruhebett, nämlich ein kurzes Bett mit hoher Lehne auf der einen Seite, welches ich auch auf der bekannten kyprischen Vase (abg. z. B. in Baumeisters Denkm. Fig. 2060 und bei Perrot, histoire III Fig. 523) finde, dürfte κλιντήρ (Odyssee 18,190) zu benennen sein; vielleicht ist es auch 1 Sam. 28, 23 gemeint.

stehen, ruht der Fürst [1]); ihm ist ein eigenes vor ihm stehendes Mischgefäss vorbehalten, aus dem ein (vielleicht nur mit einem Gürtel [2]) bekleideter) Diener für ihn schöpft; eine Flötenspielerin und ein wie jener gewandeter Mann mühen sich dem Herrn zu Gefallen. Dann sehen wir eine vornehm gekleidete Frau stehen, die einen Kranz in der Hand hält; vor ihr zwei nackte Tänzer Trinkhörner haltend, eine Frau und ein dritter Tänzer. Die übrigen vier nackten Tänzer gruppieren sich um einen langbekleideten Mann, der mit Krug an dem grossen gemeinsamen Mischgefäss des Hofstaates steht.

Dann gewinnt die Frau das einst der privilegierten Gemahlin des Alkinoos zugeteilte Recht, auf einem Klappstuhl zu sitzen. Ausser den vielen typischen Bildern, die sich später in den sogenannten Totenmahlreliefs fortsetzen [3]), ist nur ein Genrebild zu nennen (W. 101 A): Auf einer kostbaren Kline, die unter einer Weinlaube aufgestellt ist, liegt ein mit Epheu bekränzter Mann, das Obergewand über den Unterleib gebreitet und das Esstischchen vor sich; eine Frau sitzt neben ihm auf einem Klappstuhl und begleitet ihre Worte lebhaft mit den Händen. Ein epheubekränztes Paar [4]) tanzt zu Füssen der Kline; unter dem Tische liegt der Hund [5]).

Aus Cypern stammt ein plastisches Denkmal, das uns zeigt, dass dort die Frau gleiches Recht mit dem Manne hatte und dass auch die Kinder beigezogen wurden, wobei sie auf den Knieen der Eltern sassen [6]). Seitdem man jedoch Ruhebetten für zwei Personen einrichtete, hätte die Frau dasselbe mit dem Manne teilen sollen; aber in Griechenland blieb dies Ausnahme, die vermutlich ausser Göttinnen (Anh. II 3) hohe Frauen auszeichnete. Ich wüsste indess kein sicheres griechisches Beispiel anzuführen. Die „imitiert korinthische“ Vase L. 41 [7]), wo der Fürst zärtlich den Arm um den Nacken der Gattin legt, wie die vornehmen Etrusker der bekannten Thonsarkophage von Caere [8]) und der Tomba del vecchio und Tomba della caccia in Corneto, führt die Unterhaltung des Paares in sehr etruskischer Weise aus. Links hantiert ein nackter Mundschenk mit dem Weinkessel, der auf einem Gestell steht; rechts bläst ein Flötenspieler zu dem Tanze von 7 Männern und 4 Frauen; raffinierter Weise sind nur die ersteren bekleidet und zwar mit kurzen purpurroten Röcken! [9])

Die Ausgestaltung der Familiengeselligkeit entsprach jenen äusseren Grundformen vollständig. Die verbreitetste Sitte, welche der Frau nur einen Stuhl anwies, korrespondiert mit den engsten Grenzen des Familienlebens; wenn also einmal zwei solche Ehepaare neben

[1]) Körte (Arch. Jahrbuch 8, 92) hält es mit Zustimmung von Loeschcke (Athen. Mitteil. 19, 517) für sehr wahrscheinlich, dass Dionysos dargestellt sei.

[2]) Über diese „Bekleidung“ werde ich bei einer anderen Gelegenheit das Material veröffentlichen.

[3]) Anhang II 3.

[4]) Der Mann ist nackt.

[5]) Indem der Maler von M. 756 den Mann in einen Silen und den Hund in einen Panther verwandelte, machte er den Schmausenden zu Dionysos.

[6]) Perrot, histoire III Fig. 397.

[7]) „Spät“ kann diese Nachahmung nicht sein.

[8]) Monumenti antichi VIII T. 13. 14 (Sp. 521 ff.).

[9]) Ein gleichartiger Tanz ist für sich abgebildet auf einer korinthischen Amphora L. 56 [Passeri, picturae Etr. III T. 296, wo die Frauen Phantasiekleider erhalten haben], blos der weibliche Teil M. 1065 II (Etruskisch). Die bekannte Stelle des Plinius (35, 17): Lanuvi, ubi Atalante et Helena comminus pictae sunt nudae, kann ich nur nach solchen Darstellungen etruskischer Frauentänze verstehen.

einander erscheinen (L. 598 A[1]), so wird man ohne zu viele Phantasie auf Brüder oder doch enge Verwandte raten. Auch wenn wir zur zweiten Stufe übergehen, ist nur anzuführen, dass jenes kyprische Familienbild ausser dem Ehepaar noch einen Mann einschliesst, der gewiss auch blutsverwandt ist. In eine eigentliche Männergesellschaft hatte aber nur die freie Etruskerin Zutritt: die dreifache Malerei der Tomba del vecchio bringt mehrere Paare, während in der Tomba del letto funebre unter dem Einfluss griechischer Sitte die Männer auf der einen, die Frauen auf der anderen Seite[2]) liegen und von Personen ihres Geschlechtes bedient werden.

Die wahre republikanische Geselligkeit Griechenlands beruht in ihrer feineren Form durchaus auf der Männerfreundschaft. Wie einst die Geronten im Hause des Königs und nun die obersten Vertreter der Geschlechter im Prytaneion, wo vornehme Knaben ihnen kredenzen, kommen Freunde zusammen, um sich gegenseitig durch Musik und Gespräch, das, nach Alkaios zu schliessen, die Politik nichts weniger als vermied, zu unterhalten. In der älteren Zeit ist das reine Symposion von dem Trunk, der an das Mahl sich anschliesst leicht dadurch zu unterscheiden, dass die Teilnehmer des ersteren nach homerischer Weise sitzen[3]). Sehen wir von einer Darstellung des sitzenden Dionysos ab (Anh. II 2), so bleibt zunächst die S. 13, 8 angeführte kyprische Vase, wo zwei Fürsten auf Thronbetten einander gegenüber sitzen: sie trinken nicht mehr, sondern haben sich, wie ägyptische Vornehme, grosse duftende Blüten geben lassen[4]). Sonst geschieht noch nach der älteren Weise die Unterhaltung durch andere, indem Tänzer einen doppelten Reigen aufführen. Viel heiterer sieht das volkstümliche Bild des Taleides (G. IV 316 = W. V. 1889 T. 4, 5 b) aus. Er malt uns eine Gruppe von Athenern, deren einer nicht umsonst den Namen Dionysios trägt. Derselbe, ein epheubekränzter, unbekleideter Mann, hält einen riesigen Trinknapf in seinen Händen: vor ihm sitzt ein Genosse, der die Flöte spielt, wie wenn er die Leerung des Gefässes musikalisch begleiten wollte. Als Motto ist oben angeschrieben: „Freue dich und trinke.“ Offenbar schickt sich der Mann an, in den Wettkampf des Choenfestes einzutreten, wo derjenige einen Preis bekam, der seinen Chus (über 3 Liter) zuerst ausgetrunken.

An der Spitze der Mahl- und Symposienbilder, wo die Stühle durch Ruhebetten ersetzt sind, steht ein leider noch nicht genügend abgebildetes Berliner Bild (Archäol. Anz. 10, 34, Nr. 21 Abb. 6, 7): Drei Männer ruhen auf Klinen, vor deren jeder ein Speisetisch steht; auf sie zu bewegt sich ein Zug von nackten, Kränze tragenden Männern, welche ein Flötenspieler anführt. Dazu gehört gewiss auch der zweite Zug, welcher unter Flötenschall auf einen Mischkrug losmarschiert[5]). Damit scheint die Rückseite der alten Florentiner Parisurteil-Vase[6]) verwandt, nur dass Mann und Jüngling auf der gleichen Kline liegen.

[1]) Bemalter Firstdeckziegel unbekannter Herkunft.

[2]) Auf diese Weise liegen Mann und Frau an einem Henkel des brittischen Museums (nach Furtwängler, Olympia IV S. 147 zu Nr. 916 jonisch) einander gegenüber.

[3]) Alkaios 52; Phokylides 11.

[4]) Erman, Ägypten, Tafel zu S. 345.

[5]) Die Beschreibung spricht von „Prozession“; jedenfalls ist die Deutung dieses Bildes nicht von der der kyprischen Vase (S. 13, 8) und des korinthischen Tellers (S. 13 f.) zu trennen.

[6]) Abgeb. Journal of hellenic studies VII p. 107. Ausser dem grossen Hunde, welcher unter der Kline liegt, ist ein kleinerer da, der zu seinem Herrn hinaufspringen möchte (vgl. ein Relief von Chrysapha Athen. Mittell. 1882 T. 7 u. a.).

Eine grössere Gesellschaft, die, paarweise auf Klinen verteilt, sich an dem Tanze nackter Männer ergötzt, ist auf einer tiefen Trinkschale M. Gr. II T. 69, 2 ab zu sehen.

Der eigentlich republikanischen Geselligkeit fehlt ein solcher Chor. Wenn 2–5 Männer in einer Weinlaube kurzweg auf dem Boden, d. h. auf Kissen und Decken gelagert sind [1], sieht sie sehr improvisiert aus. Ein eigentlicher Comment wird erst mit den Klinen begonnen haben. Ich erwähne zuerst die Symposien, wo jeder Mann auf einer eigenen Kline liegt und Tisch und Schemel vor sich hat (L. 382) [2]); purpurne Himatia decken die vornehmen Gäste, welche vorläufig noch die Trinkgeschirre [3]) und eine Leier an der Wand hängen lassen. Dann wechseln jene einfachen Sofas mit doppelten, womit auch die Grösse der vier Speisetische und Schemel korrespondiert (W. Inv. II 157, Abb. 2); auch hier sind an der Wand Saiteninstrumente aufgehängt (in diesem Falle zwei). Die gleiche Eigenart hat das korinthische Bild „Herakles' Einkehr bei Eurytios“ [4]); die Hunde unten sind ausnahmsweise angebunden, was ihnen zu missfallen scheint. Dann ist die kameradschaftliche Lagerung von Paaren auf je einer Kline üblich geworden. Das einfache Familienbildchen führt ein Männerpaar vor; der Hund liegt unter dem Tisch, eine Frau bedient und ein Leierspieler musiciert mit einem der zwei Kameraden, welcher die Flöte spielt, zusammen [5]). Bei vier Teilnehmern kommt ein Diener auf jede Kline, während der Flötenspieler gemeinsam ist (B. 1727, 2). Das eigentliche Symposion beginnt mit der Dreizahl der Sofas [6]). Das reichste griechische Bild korinthisch-attischer Fabrik (L. 46) führt 14 Freunde zusammen; mehrere haben Hunde mitgebracht [7]). Einer spielt Flöte. An der Wand hängen zu späterem Gebrauch eine Leier und ein Salbgefäss. Fünf Diener bringen Wein und Kränze.

Abb. 2

Endlich steuert ein Maler (M. 982 O) [8]) eine naturalistische Scene bei. Der Jüngling der auf dem einen Lager ruht, hat die Finger in den Schlund gesteckt, um sich zu erleichtern;

---

[1]) B. 1976; M. 566. 1214 AB; N. 2793; kyrenäische Vase Bull. de corr. hell. 17, 28*, Fig. 6; ebenso Pholos und Herakles M. 691 A; Hermes und Herakles L. 446 A; Dionysos und Herakles L. 446 B. Zwei Männer kauernd L. 616 AB.

[2]) Aus Nola, „unter chalkidischem Einfluss“ (Abgeb. Musée Blacas T. 5/6).

[3]) Wie die Phineusschale nach Ausweis der Bohrlöcher zum Aufhängen bestimmt war.

[4]) Louvre 33, abgeb. Monumenti VI T. 33; Willisch, Thonindustrie Fig. 51. Auf der hohen Weinamphora steht oben das Schöpfgefäss.

[5]) L. 679 A (B ist die Frau durch einen Flötenspieler ersetzt). L. 615 A B, M. 459 A B u. a. ist die Scene auf das Paar selbst reduciert, Abb. Bulletin de corr. hell. 17, 236, Fig. 4.

[6]) M. 983 A; Hauptwand der Tomba della scrofa nera und Tomba delle bighe in Corneto. Statt der Hunde sehen wir auf den etruskischen Bildern Vögel (vermutlich zahme Gänse nach homerischer Sitte).

[7]) Der Maler wechselt regelmässig zwischen Hunden und Schemeln wie W. II 157.

[8]) Basse in Würzburg (Unser Museum besitzt die in Rom gefertigten Bausen Münchner Vasen).

seinen bärtigen Genossen, der das Kottabosspiel in seiner einfachsten Art betreibt, bedient ein nackter Knabe. Die Geräte sind hier fleissig ausgeführt: Wir sehen die grosse Weinamphora (dieses Paar scheint den Wein ohne Wasser zu trinken!), über ihr schwebend eine Schale, dann eine Kanne und Schöpflöffel des Schenken, endlich ein dreifüssiges Gerät, das wohl dazu dient, den Glühwein zu bereiten.

Denken wir uns zu dem feurigen Wein noch den griechischen Sommer, so wird es jeder leicht erklärlich finden, dass die Darstellungen einer vorgeschritteneren Stunde das Obergewand, das man allein mitzubringen und auf der Kline über dem Unterleib zu behalten pflegte, an der Wand aufgehängt zeigen (M. 1216 B, vgl. 1290 A B)[1].

Die Gesellschaft wird unter dem Einfluss des Weines unruhiger. In der Regel springen die Zecher auf, wobei sie häufig ihr Gewand zurücklassen, um zu tanzen und zu singen; denn Gesang und Tanz krönen schon nach homerischer Meinung die Freuden des Mahles.

Die altertümlicheren Bilder, die noch ganz in der orientalischen Dekorationsmanier wappenartig komponiert sind, erinnern uns am deutlichsten an die Fäden, welche die Verehrung des Weingottes mit jenen Tänzen verbinden. Eine „kyrenäische Vase" (L. 3)[2] gehört in das hieratische Gebiet: Auf einen Tisch oder Stuhl, welchen zwei Vogelfiguren schmücken gleich dem Omphalos von Delphi, ist ein Mischkrug gestellt, auf dem (d. h. wohl, auf dessen flachem Deckel) ein Krug steht. Vor diesem improvisierten Heiligtum steht ein nackter Jüngling mit Trinkhorn, welcher eine Opferschale ausgiesst; dazu spielt einer auf der anderen Seite die Flöte. An einem zweiten Gefäss derselben Gruppe[3] tanzen zwei nackte langhaarige Männer um ein Mischgefäss, auf dem wieder der Weinkrug steht[4]. Wenn dann statt des Weingefässes ein Musiker von zwei Männern umtanzt wird, ist kein Gedanke mehr an ein Trankopfer statthaft[5].

In den zahlreichen Tanzbildern sind noch Spuren religiöser Bräuche zu beobachten. Der gebogene Stab, welcher uns in den Opferzügen begegnete (S. 12)[6], kehrt auch in Tänzen (L. 671; M. 1075 B. 1195 A B; Tarquinii, Grotta Francesca) wieder, welche um eine Weinamphora zum Klange der Flöte geschehen (M. 1195). Häufiger ist der dionysische Epheukranz; aber ich möchte auch die eigenartigen Bekleidungen nicht übersehen wissen, welche ein gewisses absichtliches Decorum bedeuten, mögen sie auch unseren Begriffen noch

[1] Danach Herakles und Jolaos, die auf weissen Ruhebetten ruhen. L. 497 (hier sind an der Wand die Waffen aufgehängt).

[2] Archäol. Zeitung 1881 T. 13, 1 (Nr. 10 Puchstein). Ich folge der Deutung Loeschckes, welche auch der neue Katalog angenommen hat; Puchstein will nur eine Symposionscene erkennen.

[3] Die Komposition ist T. 13, 4 geändert; auch der zweite ist nach links herumgesprungen, blickt aber jetzt wie der andere nach rechts.

[4] So sieht man auch je zwei Mischkrüge über einander in dem korinthischen Bilde Annali 1885 T. E; vgl. auch die Patera von Idalion Perrot III Fig. 482.

[5] Eine kyrenaische Vase (Nr. 8 Puchstein) stammt aus der Zeit, wo die primitive Syrinx noch fashionable war; nach Herodot (I, 17) hatten unter Kroisos' Vorgänger die Lyder Syrinxspieler in ihren Militärkapellen (Vgl. Horat. c. 4. 1, 22 ff.). Analog ist Nr. 9 P., wo der Musiker die Leier spielt. Zur Komposition Holl, de corr. hell. 17, 28 f.

[6] Da die „Hirten" lange Zeit nur in hochpoetischer Sprache vorkommen (vgl. über jene Maass, Orpheus S. 180 ff.; Kern, Jahrbuch 11, 115 f.) möchte ich dem Stabe keine symbolische Bedeutung beilegen, sondern seine barocke Form mit der gleichzeitigen der Thronlehnen vergleichen.

so sehr widersprechen. Z. B. haben epheubekränzte Tänzer — höchstens ausser einem Kopftuch — nichts anderes an als Stiefel (B. 2691; M. 42 A B) oder diese und dazu ein Hüftentuch, wenn sie mit Namen bezeichnet und somit porträtiert sind (M. 379 B)[1]; es ist ein besonders feiner Dreiverein, wovon einer zur Leier singt, während seine Kameraden ihn auf Leier und Flöte begleiten. Der nüchternere Athener freilich hängt das Himation, das ihm vorher den Unterleib gedeckt, wie eine Chlamys um seine Schultern[2]; so die Tänzer L. 288 B und M. 1270, welche Rebzweige in den Händen halten, und die meisten der Epheubekränzten B. 1690 B und L. 299[3]. In dorischen und anderen Gegenden wurde der meist rote Chiton hoch aufgegürtet; manchmal ist nur der Oberleib wie mit einem Wamms bedeckt[4]. Eine „samische" Vase in Altenburg[5] stammt aus einem Gebiet, wo das unterste und notwendigste Kleidungsstück eine Art Badehose war. Nacktheit war aber dem Gotte, welchen die Silene umsprangen, nicht missfällig[6]; aus der alten, „naturvolklichen" Zeit pflanzte sich, wie es scheint, die Sitte fort, dem Gotte zu Ehren den Bauch (B. 1708 B. 1710 B) oder Gesicht und Hals (B. 1727, 3; L. 102, 21 [Naukratis I T. 13, 16]), vielleicht auch die Brust (A. 196; B. 1662 A. 1710 B) rot zu färben[7].

Die Bewegungen der Tänzer eingehend zu schildern, wird dem künftigen Geschichtsschreiber des antiken Tanzes zustehen; für unser Thema genügen einige Hauptpunkte. Die Griechen sind von einem Geschmack ausgegangen, welcher dem der Fastnachtsspiele des 16. Jahrhunderts ebenbürtig war. In einer Zeit, wo die Geschichte von den Kerkopen und dem μελάμπυγος Herakles Furore macht[8], die Dichtung vom Affengesäss redet[9] und noch natürlicheres selbst vor den Augen des Dionysos und seiner Gemahlin nicht verpönt ist[10], kann es nicht wundernehmen, dass die Tänzer, welche sich und anderen Spass machen wollen, mit besonderer Vorliebe die Sekretionsorgane herausstrecken[11]. Der Reigentanz unterscheidet sich nicht notwendig durch die grössere Ruhe, denn auch da mögen die Tanzenden wie Kinder rennen[12]; auch das Anfassen der Hände macht insofern keine ganz deutliche

---

[1]) Mit der „Chlamys" (s. unten) wechselt dieses Kostüm L. 299.

[2]) Es ist herkömmlich, von Chlamys zu sprechen; aber die Folge der Scenen führt notwendig auf das im Text gesagte.

[3]) Vgl. A. 222 A; L. 562.

[4]) Korinthische Vasen (vgl. E. Wilisch, die altkorinthische Thonindustrie, Lpz. 1892 S. 48 ff.). Dumont-Chaplain, céramiques p. 259 Fig. 50 = Baumeister Fig. 2099; Ἐφημερὶς ἀρχαιολ. 1885 T. 7 (Tanz zur Flöte um ein hohes Mischbecken); Sammlung Sabouroff I T. 98; Annali 1885 T. D; vgl. A. 170 ff.; „nachgeahmt korinthisch": L. 41. 44; B. 3925 A; aus Melos: L. 62; aus Naukratis: L. 102, 35; chalkidische Vase: Roulez, choix T. 5. Ein grün geändertes rotes Brusttuch erscheint in der Tomba ai secondi archi zu Corneto.

[5]) Böhlau, aus altjonischen und etruskischen Nekropolen S. 56—7.

[6]) Nackte Tänzer: B. 1708 B; L. 108 [Nebesheh T. 30, 2 = Jahrbuch 10, 43 Fig. 6]; M. 150 B. 175 B (Bause in W.); korinthisch-attische Vase, abg. Jahrbuch 5, 244; jonischer Dinos Bull. de corr. hell. 17, 430 Nr. 4; „pontische" Amphora Ö. 216.

[7]) Auch rothbrüstige Silene kommen vor, z. B. L. 181 A.

[8]) Mit der bekannten Metope von Selinunt verbinde ich hier Stellen des Archilochos (110) und Semonides (34).

[9]) Archilochos 91.

[10]) Kleiner Silen an der Phineusschale; W. V. 1889 T. 1.

[11]) Zu jener korinthisch-attischen Vase nennt der Herausgeber Holwerda das Wort [illegible]; die antiken Definitionen passen schwerlich dazu, s. die Zusammenstellung der antiken Tanznamen in meinen „Gebärden der Griechen und Römer" Kap. XIII.

[12]) Z. B. auf der Schale Monumenti ined. XI T. 41, 3.

Grenze, als auch ein Tanz mit gekreuzten, aber nicht sich berührenden Armen vorkommt[1]). Wohl aber ist für den dionysischen Tanz das lebhafte Bewegen und Heben der Beine charakteristisch. Dass die Leute der damaligen Zeit dies und jene überderben Körperstellungen komisch fanden, ist ebensowenig zu bezweifeln, wie dass sie dieselben nicht für fein ansahen. Es sind Bauerntänze, welche der Städter nur in der grössten Zwanglosigkeit sich gestattet. Die nachmals übliche attische Bezeichnung (σκιρτᾶν) weist in Anbetracht, dass sie bei Homer nur von Pferden gebraucht ist, auf die Silene als Pferdemenschen, während in der vorhergehenden Periode das senkrechte Emporspringen gebräuchlich gewesen war[2]). Am leichtesten übersieht der Beschauer der Vasenbilder das Gehen auf den Zehenspitzen und er fühlt sich versucht, die Wegbewegung (ἀπόκινος)[3]) als Fortgehen zu deuten. Diese Grundzüge sind überall die gleichen, aber jedes Gebiet hatte sicherlich seine Besonderheiten, wodurch z. B., um nur die tanzlustigsten Orte zu nennen, Korinth und die ägyptischen Kolonien[4]) sich unterschieden.

Wir haben damit gewissermassen die Bausteine angegeben, aus denen der gewöhnliche Maler seine Bilder komponierte, wie man die Kontamination an den Bacchanalen des 15. und 16. Jahrhunderts, welche von den römischen Sarkophagreliefs ausgehen, nachweisen könnte. Nur weniges verrät einen individuelleren Geist. Auf dem Boden des Isthmus, wo Dionysos in engem Zusammenhange mit dem Seedämon Melikertes stand, ist die Komik der bekannten korinthischen Tripos-Schale[5]) gewachsen. Sechs Männer im Contretanze, wobei einer Flöte spielt, sind zwar nichts ungewöhnliches. Das vierte Paar aber hat vom Tanzen Durst bekommen und schöpft mit den Trinkhörnern Wein aus dem hohen Gefäss. Der neunte Mann endlich lädt einen Delphin, der neugierig auf den Uferwellen herangesprungen kommt, als Partner ein und hält ihm sein Trinkhorn hin. Eine Scene, die offenbar am Strande des Isthmus beobachtet ist!

Auch ohne augenscheinlichen Humor ist manche einzelne Scene festgehalten, z. B. wie zwei Diener das gefüllte Mischgefäss schleppen und, weil sie neugierig nach einem Tänzer umblicken, von einem Mann mit der Peitsche angetrieben werden[6]).

Die aus Ägypten stammenden Bruchstücke bieten nichts der Art ausser etwa Betrunkene, die sich nicht mehr auf den Beinen halten konnten (L. 102, 16, 34). Attische Laune steuert wieder ein sehr naturalistisches Bild bei, dessen Fabrikanten denn auch nicht verfehlt haben, stolz ihre Namen beizusetzen (G. IV 316 = W. V. 1889 T. 4, 5 b). Xenokles und Kleisophos (W. V. 1889 T. 1) versetzen uns an das unfreiwillige Ende eines Tanzes:

[1]) Passeri, picturae III T. 229; ähnlich Polledrara-Hydria Journal of hellenic studies XIV T. 7. (Hier werden die Handgelenke angefasst).

[2]) Dipylonvase: Arch. Ztg. 1885 T. 8, 2; Kupferschale mit aramäischer Inschrift: Perrot III Fig. 550. Aristophanes vergleicht die tanzenden Spartanerinnen wegen ihres Hüpfens mit jungen Pferden (Lysistr. 1308 ff.). Die dorische Bezeichnung dieses Tanzes ist aber ἀμπάλλειν (Aristoph. Lysistr. 1310, Ran. 1358).

[3]) Gebärden S. 238.

[4]) L. 103, 8. 21. 28. 125, 7. 129, 2 u. a. — Zu den korinthischen Beispielen füge ich noch den Pinax in Berlin Nr. 63 Pernice (Jahrbuch 12, 43) und die Reliefvase auf der Akropolis Nr. 68 (Jahrbuch 8, 92 Anm. 63).

[5]) Dumont et Chaplain, céramiques I 8, 239 = Baumeisters Denkm. Fig. 2069.

[6]) Louvre 56 (Annali 1885 T. D).

Von den nackten Tänzern macht nur noch einer den Versuch, den Tanz fortzusetzen, doch scheint er das Gleichgewicht nicht mehr erhalten zu können; zwei liegen auf dem Boden und ein dritter, dessen Verdauung gestört ist, wird wie ein Schwein fortgetragen. Blos der Flötenspieler bläst fort und der Mundschenk waltet am Mischkrug unermüdlich seines Amtes.

Es kommt auch wohl vor, dass die Tanzenden in Halbchören gegeneinander marschieren (L. 377 A)[1]. Bekommen sie Lust an die frische Luft zu gehen, so ordnet sich allmälig ein Zug, wie L. 299, wo von 8 Zechern 6 bereits die Marschrichtung haben; der letzte winkt mit einem Epheuzweige Säumende herbei. Auch marschieren manchmal alle auf einen Musiker (A. 197 A a) oder auf den Vortänzer (A. 197 A b) los; der Hund merkt L. 289 schon, dass man fort will. Dann geht es hinter einem Leier- oder Flötenspieler her auf die Strasse zum Hause einer bekannten Person (A. 190 B; B. 1727. 3, vgl. M. 1329)[2]; Trink- und Weingefässe werden zum Teil mitgetragen.

Dies ist der Anfang des berühmten Komos, welcher der rotfigurigen Malerei so reichen Stoff geliefert hat. In ihrem Sinne ist bereits ein Doppelbildchen erfunden, welches leider auf die Amphora W 395 (Abb. 3) ohne rechten Raumsinn übertragen wurde. Zwei Paare von Jünglingen (zwei mit Epheu bekränzt, einer einen Rebzweig in der Hand tragend) ziehen in der „Chlamys“ einher. Der eine hält einen Stock, der andere schwingt den rechten Arm über den Kopf; ihr grosser Hund sitzt philosophisch auf der Erde. Der dritte tanzt und lässt den Weinkrug auf dem Boden stehen, sein Genosse hält ein Weingefäss ohne Fuss. Ihr Hund hat einen Knochen mitgeschleppt, gibt aber mit Kopf und Pfote sein Interesse zu erkennen.

Abb. 3.

Nachdem damit alle bildlich dargestellten Phasen des Männersymposions besprochen sind, gebührt es sich, Alkaios zu nennen; denn er war der rechte Sänger dieser geselligen Zusammenkünfte. Er erzählt uns von grauhaarigen Zechern (42, 2), von weichen Binden um die Schläfen, wie sie mit roter Farbe gemalt zu werden pflegen (34, 5 f) und von Gewinden um den Nacken (36); duftende Salbe träufelt über Kopf und Brust (36. 42); ein Diener führt die mannigfachen Befehle der Zecher aus (34. 41). Sitzend (52) trinken sie aus teischen Trinkschalen und verspritzen den süssen Wein vielleicht schon im Kottabosspiel (43). Politik, Kampf und Liebe liefern den Stoff der Unterhaltung. Freude und Betrübnis geben gleichmässig einen Vorwand, sich zu betrinken (20, 1. 35, 4); endlich brechen die Zecher zum

[1]) Weil statt des Mischgefässes ein mit Epheu bekränzter Pithos zu sehen ist, möchte ich an das attische Fest des Fassanstichs (Pithoigia) denken.

[2]) Ohne Musiker: A. 196 A (die Tänzer sind am ganzen Leibe rot; der letzte klatscht in die Hände). Arch. Anz. 10, 34 Nr. 21 unten (8 schreitende Männer mit Kränzen; einer hat einen Becher); Korinthisches: A. 171 (vier hinter einander); „italische Nachahmung Caeretaner Vasen“: Röm. Mitt. 1888, Tafel zu S. 174 Fig. 1 (laufend).

Komos auf und der lärmende Zug verlangt an einem anderen Orte Einlass (56). Die poetische Verklärung der Symposien hat eine merkwürdige Spur in der Kunst hinterlassen. Ein „kyrenäischer“ Maler begnügt sich nicht damit, fünf gelagerte Männer mit ihrem Mundschenk zu zeigen; er lässt sie von den Geistern der Liebe und der Musik umschwebt werden, die er in Eroten und Frauenvögeln personifiziert [1]).

Alkaios' Name kann nicht ausgesprochen werden, ohne die Erinnerung an Sappho zu wecken. Die Poesie der lesbischen Dichterin wurzelt aber so sehr in der Frauenfreundschaft, dass wir schon a priori berechtigt sind, auch Frauensymposien auf dem freidenkenden Lesbos nicht für ganz ausgeschlossen zu erachten; Sappho selbst ruft Aphrodite an, herab zu kommen und anmutig in goldenen Bechern Nektar, mit Festesfreude gemischt, zu kredenzen (5). Vielleicht kommen einmal äolische Vasen mit solchen Bildern zu Tage; in den Malereien, die in dem strengeren Athen entstanden sind, wird man keine Darstellungen weintrinkender Bürgerinnen erwarten dürfen. Dennoch sind wir nicht auf die hieratischen Bildchen einer dionysischen Göttin (Anh. II 3) beschränkt. Eine interessante Frauengesellschaft begegnet auf der Münchner Vase 468 A: Vier Meerfrauen haben sich unter einer Weinlaube versammelt und trinken aus Schalen Wein, während eine die Flöte spielt. Ganz wie eine Gesellschaft von vier zechenden Freunden! Eine andere Münchner Vase (578 A) [2]) versetzt den Beschauer vor die Säulenhalle eines Tempels, wo vier mit Myrten bekränzte Frauen sich vergnügen. Die thronende lässt sich in einen ziemlich 2 Liter fassenden Napf einschenken [3]); der rechts Sitzenden, welche an einer Blume riecht, wird eine Art von Kessel gebracht. Auf die Myrten wäre an sich kein Gewicht zu legen, weil sie neben dem Ephen oft bei den Gelagen erscheinen; aber anders sieht sich die Sache an, wenn man eine ähnliche Scene N. 3358 B [Annali 1865 T. F] wiederfindet: Zwei mit Lorbeer bekränzte Frauen sitzen auf einem Ruhebette; der Korb unter ihrem Esstisch deutet an, dass es ein Picknick (Eranos) ist. Sie geniessen den Schatten eines Myrtenbaums; der Mann, welcher ihnen Wein aus einem Schlauche einschenkt, hat ebenfalls drei Myrtenzweige. Auch ist die Heiligkeit des Ortes durch ein Tragtempelchen gekennzeichnet. Man sieht aus beiden Vasen, dass aus Anlass eines Aphroditefestes die Frauen eine Art von Symposien gefeiert haben, und versteht danach auch die angeführte Stelle Sapphos. Die Abbildungen tanzender Frauen (Anh. IV 2.) haben in der Regel so wenig charakteristisches, dass sie hier nicht zu verwerten sind.

Da die griechische Sitte bei den Symposien die Teilnahme der weiblichen Familienangehörigen nicht gestattete, blieb dem Freunde weiblicher Gesellschaft nichts anderes übrig, als sie ausserhalb des Kreises der eingesessenen Frauen zu suchen. Schon der Beruf veranlasste die Leier- und Flötenspielerinnen sich einzustellen. Wenn Horaz, als er in der Villeggiatur auf das Wohl des Kaiserhauses etwas besonderes trinken will, die hellstimmige Neaera zu sich holen lässt (III 14, 21 ff.), liegt hier eine Reminiscenz an einen der lyrischen Klassiker dieser Zeit vor. Ein solches gelegenheitlich vereintes Paar ist auf der Berliner Vase 1932 zu sehen: Unter Weinranken liegen auf einer Matratze ein mit Ephen bekränzter

[1]) Bulletin de corresp. hellén. 17, 238 Fig. 6.

[2]) Danse in Würzburg.

[3]) L. 696 (auf weissem Grund) ist eine einzelne Frau mit Skyphos abgebildet. L. 598 scheinen vier Frauen in der Weinkammer zu sitzen.

Mann und eine flötende Frau. Ein vornehmer Mann lässt sich von weit mehr Personen unterhalten, wie wir dies bereits aus Bildern von Festen, an denen auch die Gattin teilnimmt, kennen gelernt haben (S. 14). Dass die Graubärte dem lebenslustigen Treiben jener Zeit nichts weniger als abhold waren, steht nicht blos bei Anakreon und Mimnermos zu lesen und ist nicht allein im „Grabe des Alten" zu Tarquinii zu schauen. Ein solcher weissbärtiger Mann ist die Hauptperson der Münchner Vase 78. Eine leierspielende Frau sitzt bei ihm auf dem Sopha selbst, eine zweite auf einem Stuhl; die dritte, welche auf der anderen Seite Platz genommen hat, hebt anbietend eine Schüssel empor [1]). Verwandt ist eine hiesige „kyrenäische" Vase (434), aus deren Bruchstücken man noch erkennt, dass dem Herrn, der auf der Kline lag, eine Frau, die zu seinen Füssen kauern durfte, und ein Mann auf der Flöte vorspielten [2]), während ein Jüngling in Chlamys tanzte (Abb. 4). Auf einem anderen Bilde (B. 1890) isst der Mann noch, wovon der Hund seinen Anteil bekommt; die Leier hängt vorläufig an der Wand. Einstweilen hält ihm die auf dem Sopha sitzende Favorite eine wohlriechende Blume hin; die zweite steht bei Seite. Drei Männer (nur einer hat eine Chlamys an) spielen, um ihren Herrn zu erheitern, die Betrunkenen — also einen dionysischen Pantomimus [3])!

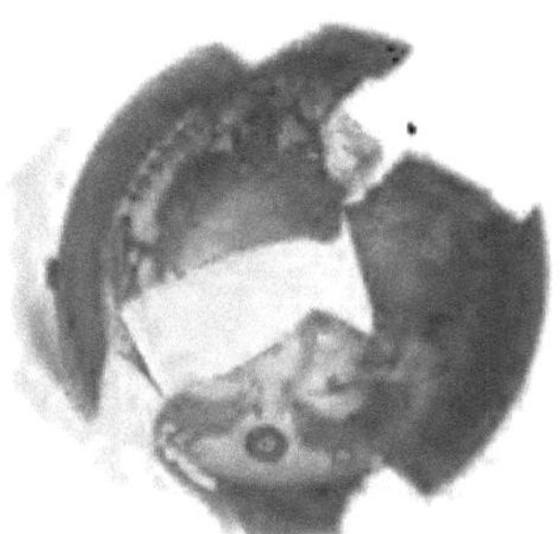

Abb. 4

Die Musikantin wird auch zu Männersymposien gerufen. Manchmal darf sie sich zwischen den Männern gleich ihnen lagern (M. 1640). Doch wird auch der Standesunterschied gewahrt: Auf einer Vase in Rom (M. Gr. II 16, 1 a) sind drei Freunde einzeln hingestreckt, von denen einer noch dem Weine huldigt; vor den beiden anderen aber spielen 2 Frauen stehend die Flöte. Wenn die Zecher zum Tanze aufspringen, begleitet diesen die Flötenspielerin. Sie mag auch das Instrument weglegen und, nachdem sie ihren langen Rock aufgeschürzt, mittanzen (B. 1662 B. 1710 B, vgl. Arch. Anz. 10, 34 Nr. 21 U A). Beim Komos begleitet sie oder eine Leierspielerin den Zug, was übrigens nicht ausschliesst, dass zugleich einer der Teilnehmer seine musikalischen Künste zum Besten gibt (M. 1088; Ma. 84). Die Entwicklung dieses Genres gehört in die Zeit der rotfigurigen Schalen; Bilder wie jene

[1]) Auf einem schwächeren Seitenstück (B. 1978) ist die eine Leier weggelassen und die Schüssel durch einen trivialen Kranz ersetzt. Der Mann trägt den dionysischen Epheukranz. Nicht einmal der Kranz ist auf der „höchst flüchtigen" Lekythos in Karlsruhe Nr. 177 zu sehen.

[2]) „Weibliche" und „männliche" Flöten gebrauchen die Lyder in ihren Militärkapellen nach Herodot I, 17.

[3]) Mit diesem Bilde scheint N. 2501 B enge verwandt.

und besonders wie N. 2752 und S. 118 [1]) mögen alle diesen gleichzeitig sein. Vergessen wir jedoch nicht, dass eine Frau solcher Stellung schon des Mimnermos Muse war; leider enthalten die Reste seiner Gedichte nichts mehr darüber.

Dann fanden sich bekanntlich zu den Gefährten, wenn sie nicht eine politische Hetairia bilden wollten, „Gefährtinnen". Mit ihnen machen uns z. B. zwei interessante Würzburger Bilder (390, 325 O) bekannt, welche dieselbe von der besten Seite zeigen. Wir schildern zunächst das erste (Abb. 5): Auf Decken und Kissen lagern zwei Gruppen von je drei Personen, indem immer eine Frau zwischen zwei Männern liegt. Es sind vornehm aussehende, reichgeschmückte Frauen; höchstens fällt es auf, dass die eine Myrtenzweige agraffenartig in das Haar gesteckt hat und ihren rechten Arm in der Luft schlenkert [2]), also nach griechischen Begriffen tanzt. Die mit Epheu bekränzten Männer gehören den besten Kreisen an, denn sie trinken aus silbernen Gefässen [3]); einer übt das neumodische Kottabosspiel. An den Wänden sind ihre abgelegten Röcke aufgehängt. Ebenso tadellos geht es in dem Schulterbild derselben Vase zu: Drei Männer und drei Frauen lagern, alle gesondert, in bunter Reihe auf dem Boden; vor den ersteren liegen noch Speisen, von denen sie jedenfalls den Frauen mitteilen. Die Wand ist mit Tänien geziert [4]). Auf der Schulter von No. 325 ist so ziemlich das Gleiche, um ein viertes Paar und einen Mundschenken erweitert, zu sehen; letzterer trägt die Chlamys [5]). Ein Mann spielt die Flöte [6]). Eine Berliner Schale (1798 A) bringt ein neues wichtiges Moment, das eigentlich vorauszusetzen wäre; waren doch die Neigungen der Schönheitsbewunderer ungemein verschieden. In einer Weinlaube also lagern auf Matratzen und Kissen sechs Paare, auf der einen Seite je drei Männer und Jünglinge, auf der anderen dagegen je zwei Männer und Frauen und schliesslich ein Jüngling mit einer Frau. Die Männer führen die Unterhaltung, indem einer Leier und zwei die Flöte spielen [7]).

Abb. 5.

Kandelaber, die mit der Figur einer Castagnettenschlägerin geschmückt sind [8]), deuten die Tänze an, welche bei ihrem Lichte stattfinden. In der früher geschilderten Art (S. 18)

[1]) Ersteres von „schlechter Zeichnung. Nola", letzteres auf weissem Grund.

[2]) Ein Krotalon kann ich nicht wahrnehmen; die weisse Farbe deckt, wie so oft, die schwarze Untermalung nicht ganz.

[3]) Von den 4 sind 2 weiss gemalt, die anderen nur nach der uralten Regel der Abwechslung schwarz belassen.

[4]) Ein ähnliches Bild mit 8 Personen ist M. Gr. II 22, 1a abgebildet; eine Frau spielt die Leier, eine andere hält einen Kranz. S. auch den korinthischen Mischkrug aus Caere im Louvre: Pottier, vases ant. du Louvre E 629 T. 46.

[5]) Der „weisse Schurz" ist ein modernes Gypsstück, welches eine Lücke ausfüllt.

[6]) Es ist derselbe, welcher nach der Beschreibung „aus einem Rhyton trinkt".

[7]) Die Vase M. 152 ist als etruskisch hier nicht berücksichtigt.

[8]) Archaische Bronze im Louvre, Photogr. Giraudon 189.

hüpfen und stürmen Frauen und Männer um die Wette: erstere schürzen nicht selten die Röcke ähnlich wie die Männer auf und auch hier kommt es vor, dass der Maler uns nur ein kurzes enges Wamms sehen lässt. Die typischen Bilder verweisen wir wieder in den Anhang (IV 3. 4), obgleich nun hier nicht viel zu berichten bleibt. Von der alten äolischen Vase Röm. Mitt. 1888 T. 6 ist leider nur ein Stück übrig geblieben, das zwei durstige Silene an einem Mischgefäss[1]) und eine Nymphe mit Kranz zeigt. Figurenreicher ist ein Nebenbild von W. 331 A O: Während ein Silen tanzend das Bein hebt, fasst es scherzend sein Genosse. Um einen die Flöte spielenden tanzen ein Silen und zwei Nymphen, die eine geschürzt, die andere nicht; die dritte lebhafteste Gruppe setzt sich aus einem Silen und zwei Nymphen zusammen. Das frischeste Bild ist aus der Fabrik des Nikosthenes (L. 297, Klein Nr. 21) hervorgegangen. Wie das Gefäss selbst ein Mischkrug ist, so beginnt die Scene mit einem durch Epheuranken geschmückten Mischkrug, an dem eine Frau mit Oinochoë steht. Ein Silen und eine andere Frau scheinen auf sie zu warten. Ein zweites Paar gestikuliert über einer Amphora, die auf Untersatz steht. Zu dem Mischkrug, den das vierte Paar umgibt, führt eine Frau den Silen, der aus der Weinkammer, einen frischen Krug geholt hat. Nun wird es lebhafter: Ein fünftes Paar tanzt und ein sechstes hascht sich.

Abb. 6.

Von Nikosthenes wurde auch ein Komosbild ausgegeben, wo zwei Züge (zusammen 7 Silene und 6 Nymphen) gegeneinander marschieren (Ö. 231 A m. Abb.). Nebenan bilden wir eine kleine Komosscene (W. 83 B) ab[2]).

Schon dass alle diese Bilder mit Ausnahme des letzten gewissermassen unter dem Deckmantel von Silenen gemacht sind, verrät die öffentliche Anschauung der Griechen über diese Tänze. In das Gebiet der reinen Anaideia aber führt die Würzburger Trinkschale No. 390, wieder ein Bild aus vornehmer Gesellschaft, die aus Silberbechern zecht: die Teilnehmer wetteifern ohne Unterschied des Geschlechtes mit jenem Athener Hippokleides, der sich durch seinen Fusstanz die fürstliche Partie „vertanzte"[3]). Die Tänze werden immer freier (nikosthenische Amphora No. 35 A[4]); B. 1947. M. 595 AB, vgl. 989 A.); besonderes Interesse erwecken die dazu aufspielenden Flötistinnen ausländischen Profiles und Kostümes (B. 1047)[5]). Lyderinnen ohne Zweifel, tragen sie

[1]) Ein Krug steht darauf; vgl. S. 17

[2]) Das Weiss ist von dem Leibe der Frau fast verschwunden; aber die Augenform verrät noch ihr Geschlecht.

[3]) Hier dürfte die kyrenäische Schale des Musée Ravestein abg. Gazette archéolog. 1887 T. 14 (vgl. S. 114 f.) einzureihen zu sein.

[4]) Pause in Würzburg. Hier haben wir eine sehr freie Scherzscene; eine andere, harmlosere Gruppe aus dem Trinkerleben zeigt M. 1024 A.: ein Mann streitet mit einer Frau um den Weinschlauch. Es ist wie eine Illustration zu V. 1224 f. der „Acharner".

[5]) In der Beschreibung der Kypseloslade wird hervorgehoben, dass eine Flötenspielerin phrygische Flöten hat (Pausan. 5, 17, 9).

karrierte Hauben (wie sie Sappho erwähnt) und lange rote Röcke mit Mänteln. Endlich stellt sich die volle Hybris ein, die als Ende ausschweifender Gelage Trinkschalen zumeist auf ihrer Rückseite zeigen (B. 2052 B. 1798 B [1]); Ma. 8 A B; auf eine Gruppe mit zwei Zuschauern reduziert B. 1786; W. 280; mehrere Zuschauer W. Verz. I Nr. 78). Mehrmals beobachtet man ein Schwanken zwischen solchen übernaturalistischen Bildern und Silenscenen. In diesem Sinne vergleichen wir das figurenreiche Innenbild der Trinkschale M. 185 mit der Rückseite der Phineusschale (W. 354); beide haben die Hauptdarstellungen ungewöhnlicher Weise innen, aber der schrankenlose Maler der ersteren zeichnet Griechen und zwar auf der dem Trinkenden zugewandten Innenseite, der der anderen Silene auf der Rückseite. Aehnlich verhalten sich die Amphoren M. 175 A [2]) und W. 82. Der bekannte Neufro-Sarkophag aus Chiusi (Monumenti VIII T. 2) hat seine Reliefs von dionysischen Vasen geborgt; nach der Opferscene und dem Familienmahl, die er in umgekehrter Ordnung bringt, gibt er ein Opfermahl von Silenen, denen Frauen etwas vortanzen, und dann jene Obscenitäten in der halb entschuldigenden Art jener Würzburger Vasen [3]).

Auch diese verführerische Gattung des Symposions hat ihren Dichter gefunden. Anakreons Gedichte sind erfüllt von dem heiteren Treiben, aus dem sie selbst ihren Ursprung nahmen. Ich müsste die Hälfte der Fragmente hier ausschreiben, doch darf ich mich begnügen das Thatsächliche kurz in dem am Schlusse angehängten Glossar zusammenzustellen. Man wird daraus ersehen, dass Anakreon, wenn er auch selbst das skythische Lärmen und Schreien (63,8 f.) und die Hybris das. V. 5 abweist, jene freien Tänze von seiner Dichtung nicht ausgeschlossen hat. Er ist mit den raffinierten Sitten der Tyrannenhöfe verwachsen, wie soviele athenischen Komiker mit dem demokratischen Kneipenleben des vierten Jahrhunderts.

Wer nicht des geschichtlichen Sinnes baar ist, wird empfunden haben, dass in den Denkmälern der geschilderten Periode noch eine stufenmässige Zunahme des dionysischen Treibens und der Bedeutung des dionysischen Kultus wahrnehmbar ist. Weil gerade darin ein wichtiger Unterschied dieser und der unmittelbar vorhergehenden homerischen Periode beruht, möchte ich zum Schlusse dieses Abschnittes die Zeugnisse des Wandels der Ansichten vorführen. Sie sprechen eine beredte Sprache.

Homer und Hesiod gedenken dankbar der Gaben des Dionysos, aber sie entwerfen auch ein drastisches Bild von den verderblichen Folgen des Weins [4]), ja in der Ilias wird Dionysos kurzweg der Rasende beigenannt [5]). Werfen wir nun einen Blick auf die Rolle,

---

[1]) Siehe auch die Rückseite des nikosthenischen Kantharos.

[2]) Wagnersche Vasen in Würzburg. Wie wichtig die sogenannten „sinnlosen" Inschriften für die Bestimmung der Zusammengehörigkeit sind, möchte ich an einem Beispiel zeigen: M. 185 hat mit M. 175 (S. 18, 6) merkwürdige Aehnlichkeiten, namentlich in der Wiederholung der Buchstabengruppe TTOE (TTOE). Kombinationen der Buchstabengruppen OXE und EI verbinden die dionysischen Vasen B. 1696, 1697 und M. 471 B.

[3]) Solche zeitgenössische Parallelen sprechen gegen die mystische Deutung von Helbig (Annali 1864,28 f.) und Rulle (Silene S. 70).

[4]) Odyssee 14,463 ff. 21,293 ff.; Eben bei Athenaeus 10,428 a.

[5]) VI 132 μαινόμενος; Od. 21,298 wird es auf den weinseligen Kentauren angewendet.

welche er noch in den Bildern der Françoisvase spielt; im Hochzeitszuge schleppt er zwischen Hestia und den Horen persönlich den grossen Weinkrug, welchen er dem Bräutigam schenken will, und er führt selbst den Esel des Hephaistos am Zügel. Ebenso trägt der Gott in einem korinthischen Bilde einen Weinstock wie ein Lastträger auf der Schulter [1]; Amasis setzt sein Bild wie das eines gewöhnlichen Silens ornamental unter die Henkel [2]. Erinnern wir uns dabei an die Bedeutungslosigkeit des Gottes im alten Epos, so ist ganz klar, dass er zu den Gottheiten zweiten Ranges zählte und nur von den Weinbauern besonders verehrt wurde. Erst als die Symposien in die Mode kamen und durch die Poesie des Alkaios und Anakreon geadelt wurden, beginnt das Ansehen des Gottes zu steigen. Auch wird Busolt mit Recht annehmen, dass die Tyrannen diesen — wir schalten ein — nichts weniger als aristokratischen Kult aus politischen Gründen beförderten. Arion, der erste Vertreter des Dithyrambos, korrespondiert als Schützling des korinthischen Tyrannen Periander mit den korinthischen Symposienbildern, deren Blüthe meines Erachtens in die Zeit des Periander (627–$58^{6}/_{5}$) gehört. Dionysos und die Silene halten in die Städte ihren Einzug und die Stiftung der städtischen Dionysien ist das deutlichste Anzeichen, dass er in Athen seinen Platz unter den hohen Göttern erhalten hat.

Ist nun aber jener Aufschwung des Symposionwesens rein und unvermischt aus dem hellenischen Wesen heraus vor sich gegangen? Ich glaube es nicht; fällt er doch mit der grossen Erweiterung des hellenischen Horizontes zusammen. Diese Leute, die, wenn es zu Hause nicht vorwärts ging, irgendwo zwischen Babylonien und Sicilien ihr Glück suchten und hinauf in die thrakischen Berge und hinunter bis in die Nilebene kamen, sahen viele Bräuche anderer Stämme und Völker und blickten bewundernd zum lydischen Königsthron empor [3], der ihnen das herrlichste auf der Welt dünkte. In einer prunkvollen Gasthalle fanden sich zusammen skythische Schuhe und lydischer Kopfschmuck [4], Becher aus dem jonischen Teos, und aus dem peloponnesischen Argos, phrygische Flöten und Kränze aus der ägyptischen Kolonie Naukratis. Man denkt jetzt bekanntlich von der Bedeutung, die Aegypten für die Kunsttöpferei gehabt hat, nicht gering. Von dort kamen jene Kränze aus Lotosblüten, von denen die ägypthischen Trinklieder reden [5]; dieselben erzählen uns, wie die griechischen Lyriker, dass Myrrhen „auf das Haupt gelegt", d. h. über den Kopf gegossen wurden. Die Castagnetten der Tänzerinnen waren dort längst bekannt [6] und Sapphos Bruder hat in Aegypten eine „Genossin" kennen gelernt. Aber zur Zeit des Kroisos hatte Lydien dem älteren Reiche den Vorrang im Genussleben abgewonnen [7]. · Noch über hundert Jahre später kannte man z. B. die Verdienste der Lydier um die Erfindung von Gefässformen und Trinkvor-

---

[1] Athen. Mitteil. 19 T. 8, wozu Löschcke S. 518 ff. auf die Münze in Roschers Lex. I 1100 verweist.

[2] Abg. Arch. Ztg. 1884 T. 15. Vgl. auch M. 678 A B. 1163 1; M. Gr. II 73,3 a.

[3] Archilochos 25, 1; Sappho 85.

[4] Auch lydische Schuhe erwähnt Sappho 19.

[5] Erman, Aegypten S. 346. Die natürlichen Kränze sind auch für die Kränze von stilisierten Pflanzen, welche die Gefässe umgeben, vorbildlich gewesen, was noch näher zu untersuchen ist

[6] Erman S. 344.

[7] Adamek's Anakreon 155.

wänden [1]; unter den Weihgeschenken der lydischen Könige wurden die vielen Mischkrüge mit Untersatz und die silbernen Spitzfässer bewundert [2]. Das fernere Phrygien, dessen Blüte damals zeitlich weiter zurücklag, wirkte nur mehr durch die Flötenmusik ein [3].

Jene offizielle Förderung des Dionysosdienstes veranlasste die Entstehung fester Formen der Feiern, welche sich natürlich an die privaten Gebräuche anschlossen. Hievon soll das zweite Kapitel handeln; aber schon jetzt muss gesagt werden, welche Wichtigkeit die oben beschriebenen Komostänze in der Entwicklung der K o m ö d i e besitzen. Körte hat schlagend nachgewiesen [4], dass die komischen Elemente dieser Tänze, nämlich die groteske Ausladung des Unterleibs nach vorn und hinten [5], sowie natürlich der Phallos, der alten Komödie gemeinsam sind. Die Parallelen lassen sich noch vermehren: Wie die Männer sich ihrer Kleider entledigen, so thut es der Männerchor der „Lysistrate" [6], und der Frauenchor der Thesmophoriazusen legt den Überrock ab und gürtet das Kleid „nach Männerart" hoch (V. 655 ff.), wie jene Komostänzerinnen. Der Alexandriner, welchem Tibull seine Kenntnis des Ursprungs der Bühne verdankt (2, 1, 55 f.), berichtet, die Bauern hätten, mit Mennig bestrichen, dionysische Tänze aufgeführt; wir haben aber öfter die rote Bemalung von Tänzern notiert [7]. Der Springtanz, welcher später für spartanisch-kretisch gilt [8], schliesst die „Lysistrate" und die „Ekklesiazusen." Man weiss ohnehin, dass der Komos überhaupt noch bei Aristophanes ein wichtiges Bühnenmittel ist (z. B. am Schluss der „Acharner" und „Wespen"); [9] freilich darf ich nicht verschweigen, dass derselbe schon die Form hat, welche er in der Periode der rotfigurigen Trinkschalen angenommen.

Es ist aber nicht allein die Komödie, welche an das Komoslied anknüpft. In den letzten Jahren wurde öfters die Ansicht ausgesprochen, dass die Tänzer jener Vasenbilder nicht Menschen, sondern Satyrn seien [10]. Ich kann hier nicht auf die sehr schwierige Frage, wo die Grenzlinie zu ziehen sei, eingehen, und brauche es auch nicht, denn sie ist für das vorliegende Thema gleichgiltig. Wann und wie die „Satyroi", über die Silene siegend, die offizielle Orchestra eroberten, diese Frage gehört in die Typik der dionysischen Umgebung. Nachdem ich aber ein paarmal schon angedeutet, dass die Silene gewissermassen wie maskierte Menschen verwendet wurden, notiere ich doch, dass die Etrusker sozusagen zweisprachige Bilder gemacht haben, indem sie entweder die einen Scenen von menschlichen Figuren, die anderen von Silenen agieren liessen (Nenfro-Sarkophag S. 25) oder den gleichen

[1] Kritias (fr. 2, 5 Bergk) bei Athenaeus 10, 432 d.

[2] Herodot 1, 14. 25. 51.

[3] Alcm. 82; vgl. 112; Stesich. 37; Phoronis 3.

[4] Archäol. Jahrbuch 8, 61 ff.

[5] Es ist schon bemerkt worden, dass die Tänzer gerne ihre Hände auf die Rückseite legen. Aus der köstlichen Schilderung eines römischen Festes, welche Polybios gibt (30, 13 bei Athenaeus 14, 615 a–e), entnehme ich die zur Erläuterung dienlichen Worte ὡς δὲ καὶ περιζωσάμενος τις τῶν γερόντων ἐν τῷ χορῷ στραφεὶς ἦρε τὰς χεῖρας ἐπὶ πυγῆς πρὸς τὸν ἀντιφερόμενον.

[6] V. 662 ff.; auch zu V. 686 f. sind aus dem obigen Parallelen zu geben.

[7] Auch die Tänzer in der Tomba del morto sind auffallend rot.

[8] Aristoph. Lysistr. 1316 ff. 57. Ekkles. 1165 ff.; vgl. Ran. 1354 ff.

[9] Unter den Titeln von Komödien des Epicharmos passen hieher die Κωμασταὶ ἢ Ἅφαιστος, Βάκχαι und Διόνυσοι.

[10] Dümmler (Annali 1885, 128 f.); Löschcke, Athen. Mitt. 19, 518 ff.

Abb. 7.

Tanz gleichsam zweisprachig abmalten (J. 2. 186; L. 64; M. 1038 O). Die Griechen drücken den gleichen Gedanken feiner aus, indem sie den Silenen das den menschlichen Komasten eigene verleihen. Die Dorier z. B. ziehen den Silenen manchmal die kurzen roten Röcke an (L. 42); ein Athener hat L. 167 den Tanz der Zecher nur oberflächlich umgearbeitet, und unter anderem einem Silen das übergeworfene Gewand und den gekrümmten Stock belassen. Der Komos der Satyrn unterscheidet sich also von dem gewöhnlichen nur durch eine Art Maskierung; auch das Satyrspiel geht von dem Komostanze des „vollen" Trinkers aus. Euripides hat den Komos noch in der Glanzscene der „Alkestis" V. 747 ff. verwertet; denn er weist ausdrücklich darauf hin (V. 815. 831), dass sein angeheiterter Herakles als Komast gespielt werden sollte.

Nicht einmal der Tragödie war der Komos fremd; die späteren griechischen Forscher fanden ihn noch in einer Tragödie des Aschylus[1], der hier gewiss nicht eine neue Erfindung anbrachte, sondern eine ältere Sitte noch beibehielt.

---

## II.

# Dionysische Feste.

Es bedarf keiner näheren Ausführung darüber, dass die dionysischen Feste von den Hauptmomenten der Weingewinnung ausgehen und demgemäss einen ländlichen Charakter tragen; auch liegt es in der Natur der Sache, dass ehedem wie noch jetzt die Traubenlese und der erste Anstich ungesucht zu Volksfesten werden.

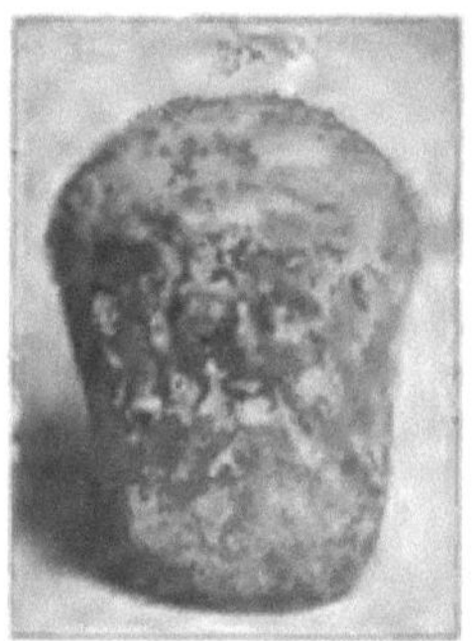

Abb. 8.

Da der Wein „die Gabe des Dionysos" ist, schildern die Maler Lese und Kelterung als Handlungen seiner Diener, welche sie häufig unter persönlicher Aufsicht des Gottes[2]) vollziehen. Ein possierliches Bild ist W. 26 (Abb. 9): Dionysos sitzt in göttlicher Kolossalität zwischen den affenartigen Silenen, welche auf und an den Rebstöcken klettern und purzeln. Eine Frau repräsentiert die Mägde, welche in Körben die Trauben forttragen. Rechts beginnt der Ober-Silen, dem ein langer Chiton mehr Würde gibt, den Winzertanz. M. 1325 B deutet das zur Weinlese gehörige Dionysosopfer an, indem neben der Lese der Gott mit einer Frau auf einer Kline speisend gezeigt wird. Das Keltern ist für

[1]) Athenaeus 10, 428 f.

[2]) Dionysos fehlt aber z. B. bei Nikosthenes Nr. 10, Wiener Vorlegebl. 1890/91 T. 3, 2 a und b und in dem Innenbild der Schale Arch. Anz. 1867, 25 Nr. 25; L. 262. Die korinthische Vase Nr. 48 des Louvre zeigt die Weinlese als Genrebild, wozu die Scene des hesiodischen Schildes passt. Nackte kleine Gestalten Datteln lesend: Petrie, Kahun T. 18, 85.

sich abgebildet (M. 1110 B) oder zugleich mit der Lese verbunden (W. 93 B. 341 B [1]; G. I 15, 2). Während sich der Gott darum nicht bekümmert, sorgt er für die Weinbereitung: Auf der Rückseite der Amphora W. 93 („A") sieht er zu, wie ein Silen ein kleines Spitzgefäss in ein grösseres Fass schüttet, auf dessen Rande ein zweiter tanzt (Tafel III.).

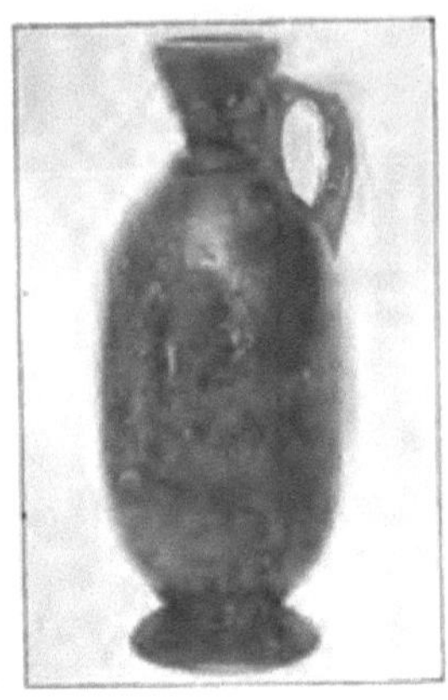

Abb. 9.

Beziehungen auf bestimmte athenische Feste sind nur angedeutet. Weil die ländlichen Dionysien im Poseidonsmonat stattfanden, zeigt eine Würzburger Amphora (87) [2] auf der Vorderseite Dionysos, der vom Rücken eines Stieres herunter einladend seinen Kantharos rückwärts streckt; folgen wir diesem Wink, so sehen wir auf der Rückseite Poseidon mit dem nämlichen Reittier [3]. Die Chytren, der zweite Teil der Anthesterien, vereinigten Dionysos und den chthonischen Hermes; daher sieht man beide zusammen gehen (Nikosthenische Schale Nr. 62; M. 110 A. 455; W. 405; M. Gr. II T. 70,6 a), manchmal von einem Silen-Bedienten gefolgt (M. 389 B) [4]. Endlich bringt der Artemismonat Elaphebolion durch seine städtischen Dionysien auch noch die Göttin der Jagd mit dem Wein-Gotte zusammen. Wie oft sieht man Apollo leierspielend zwischen Schwester und Mutter; aber B. 1861 B sitzt auf dem gleichen Stuhle mit der einen Göttin, also auf einem Bisellium, Dionysos [5].

In ähnlicher Weise sind die Gesänge und Tänze der athenischen Festchöre nur angedeutet. Man versteht ja leicht den Sinn eines Bildes, wo die Stadtgöttin selbst vor Dionysos die Kithara spielt (B. 1846 A = G. 1, 37). B. 1711 zeigt einen Tanz von drei Silenen und einer Nymphe, aber zur Seite ein grosses Thor, gleich wie die Dionysostempel so zum Spielplatze gelegen sind, dass der Gott durch die offene Thüre die Tanzenden sehen kann [6].

Ein Dionysosfest ist überhaupt nie getreu dargestellt worden, sondern wir finden es in den Bildern nur in Einzelscenen aufgelöst oder personifiziert. Nirgends sehen wir das Dionysos-

---

[1] Hier spielt ein Silen die Flöte. Diese wichtige Amphora, welche nicht weniger als 4 dionysische Bilder enthält, wird von Furtwängler, Satyr aus Pergamon S. 23 A. 2 einer jüngeren Gattung der chalkidischen Vasen zugerechnet, während F. Dümmler unter Vergleichung von W. V. 1889 T. III 2 und „einer neuerworbenen unpublicierten Berliner Vase" mit Bestimmtheit Amasis nannte (brieflich, 10. Nov. 1892).

[2] Abg. bei G. I 47. Auf jenen Monat bezog sich ein Gedicht des Anakreon (6).

[3] Eine ähnliche Entsprechung liegt M. Gr. II 55,2 a zwischen zwei Göttinnen vor; die eine (Amphitrite) reicht einen Fisch zurück.

[4] Anderes s. Anh. II 1. 2. G. Gargallo-Grimaldi hat trotz vieler verkehrter Gelehrsamkeit — auch der Bocksbart ist durch Citate beleuchtet — die Beziehung auf die Anthesterien richtig erkannt (Annali 1869 S. 121—4).

[5] Abg. Gerhard, etrusk. und campan. Vas. T. 25, vgl. auserles. Vas. 1,73. Das sophokleische σύνθακος θρόνων (Oed. Col. 1267) ist hier buchstäblich ausgedrückt, wie bei dem überirdischen Paar der Stele von Chrysapha; es ist allerdings auch die Deutung möglich, dass wir die zwei dionysischen Göttinnen (Anh. II) vor uns haben. Von Anakreon kennen wir übrigens gerade zwei Hymnen auf Dionysos (2) und die Elaphebolos (1).

[6] Besonders deutlich ist dies in Thorikos. Einem schematischen Bilde (M. 1152) ist beigeschrieben „Dionysosfest" (Διονυσια).

bild in Prozession geführt oder in der Mitte des städtischen Tanzplatzes aufgestellt; stets ist es der Gott selbst, der unter seinen lieben Athenern wandelt und stehend oder sitzend den Festtänzen zusieht. Diese schlichten Gedanken sind auch schlicht in zahlreichen Vasenbildern ausgesprochen (Anh. II 1. 2); doch möchte ein Bild des dionysischen Festtanzes, wenngleich in das Mythologische übersetzt, M. 685 A m. B zu finden sein. Dort tummeln nicht weniger als 15 Silene (darunter zwei zottige Anführer) um ihren göttlichen Herrn sich herum; auch die Zahl verdient, wie wir sehen werden, Bedeutung.

Wie die ganze Bürgerschaft am Dionysosfeste dem Weingenusse sich hingibt und aus Rand und Band gerät [1]), schildert man an dem Gotte selbst. Wenn der Festjubel seinen Gipfel erreicht, fängt er selbst zu tanzen an und nimmt eine Nymphe als Partnerin (M. 555; W. 22 B) [2]) oder springt unter seinen Silenen, mit denen er um die Wette trinkt, zur Flöte (W. 331 A). Im Siegesjubel konnte sich dies der König erlauben, wie der Vater der Götter und Menschen nach dem Epos vom Titanenkampf [3]) oder David, als er die wiedereroberte Bundeslade heimführte [4]). Noch besser passt aber die Erzählung, es sei in Persien an einem Feste herkömmlich gewesen, dass der König sich betrank und den Persertanz tanzte [5]).

An den Tanz reiht sich ganz natürlich der Komos, an welchem der Gott persönlich teilnimmt. Abgesehen von den Dutzendbildern, welche selten sicher erkennen lassen, ob der Gott steht oder geht (Anh. II 1), ist ein gutes unzweideutiges Beispiel eines dionysischen Festkomos B. 2037 zu finden: Ein tanzender Silen eröffnet den Zug; dann schreitet Dionysos einher, hinter welchem 7 Silene und 4 Nymphen, teils einzeln, teils in Paaren, lebhaft springen. Das Schalenbild B. 2065 B bringt bereits eines der bald zu besprechenden karnevalistischen Elemente. Dionysos und Ariadne haben hier den Mittelplatz, voran und hintennach reitet eine Nymphe zu Esel, während die zwei ihnen entsprechenden Silene gehen [6]).

Damit sind wir zu den dionysischen Aufzügen gekommen. Innerhalb der bescheidenen Grenzen der alten Malerei konnte es nicht gelingen, die Mannigfaltigkeit der Gruppen eines Fastnachtszuges zu erschöpfen. Freilich, wenn die plutarchische Schilderung eines Zuges der guten alten Zeit historisch wäre, dann hätte es nicht viel darzustellen gegeben; „die herkömmliche Festprozession der Dionysien war volkstümlich und heiter, eine Amphora Wein, Reben, dann zerrte einer einen Ziegenbock daher, ein anderer folgte mit einem Korb Feigen, der Phallos überall“ [7]). Leider hat Plutarch bestenfalls so etwas auf einem Bauerndörfchen tief im Gebirge gesehen. Auf das alte Athen würde seine Schilderung nur zutreffen, wenn er einen privaten Opferzug meinte. Die Bilder zeigen nichts der

---

[1]) Plato, Gesetze 1,637 B.

[2]) Uebrigens sind diese beiden ähnlichen Bildchen dekorativ komponiert.

[3]) Athenaeus 1,22 c (Fr. 5 Kinkel).

[4]) 2 Samuel 6,14. 16. Er war obendrein kaum verhüllt (das. V. 14) wie ein Possenreisser (V. 20).

[5]) Duris bei Athenaeus 10,434 e.

[6]) Auf der Rückseite (A) ist der eine Silen weggelassen. Auf der Lekythos W. Acc. 258,4 ist das Bild auf Dionysos und die zwei Reitersinnen reduziert; die Vase gleicht aber in der Beschaffenheit der Oberfläche bedenklich der neben ihr stehenden, in Corneto neuestens gefertigten Lekythos.

[7]) Ueber die Begierde nach Reichtum 8 p. 527 D.

Art, im Gegenteil scheint es, als ob sie aus einer Ueberfülle bald diese bald jene Gruppe auswählten, so dass wir die Elemente, aus denen sich die Fastnachtszüge zusammensetzten, feststellen können.

Wie kein Festzug im alten Griechenland ohne die Ritter und die auf Viergespannen einherfahrenden Senatoren denkbar war, so gehörten auch zu den dionysischen Aufzügen Reiter und Wägen. Die Komik, beziehungsweise das Dionysische lag zuweilen nur in den Personen, welche ritten oder fuhren. Das Reitpferd ist also dem dionysischen Komos nicht fremd geblieben, wenn auch nur in so beschränktem Kreise, dass man die lokale Sitte erkennt. Auf einer korinthischen Vase (Athen. Mitt. 19 T. 8) reitet der klumpfüssige Hephaistos ein Pferd. Thetis, seine Beschützerin, die er verlässt, sieht dem heiteren Zuge nach, welchen Dionysos eröffnet; dann folgen vier Satyrn mit Trinkgefässen und Trauben [1]. Bilder aus Naukratis und Daphnai sind nach unseren Anstandsbegriffen höchst anfällig: Auf verschiedenen Bruchstücken erkennt man eine nackte Frau, die auf einem schön geschirrten Pferde reitet (L. 116,1 B. 2. 102,32); vor oder hinter ihr geht ein nackter Mann mit Speer (L. 116,1 A [Tanis II T. 29,4 = Ant. Denkm. II T. 21,2] [2]. Ein weisser Hund begleitet sie (L. 116,1 AB); einmal zieht das Pferd einen Wagen (L. 125,8).

Das Viergespann, das obligate Abzeichen der Göttlichkeit, wurde, wie das Pferd, zuweilen dem Hephaistos zugeteilt, wenn ihn ein Schwarm von Silenen und Nymphen zu dem sitzenden Dionysos geleitet [3]; auf der Rückseite derselben Vase fährt Dionysos selbst mit der gleichen Begleitung. Lebendiger ist ein Londoner Bild (206 A): Ein Silen mit Leier und eine Nymphe mit Krotalen gehen musicierend voran; neben dem Gespann trägt ein Silen eine Nymphe auf seiner Schulter; dahinter ist einer in derselben Absicht niedergekniet, zwei andere bücken sich nur für ihre Gefährtinen.

In der Regel muss jedoch schon das Reittier oder das Gespann zur Komik beitragen. Das spezifische Reittier des Gottes wird der Esel [4] sein, dessen ithyphallische Natur nachmals sogar in den Romanen ausgebeutet wurde. Zur Komik wird dem armen Tier eine Schleife, ein Kranz oder gar ein Krügelchen an den Leib gebunden. Nicht selten öffnet es das Maul zu seinem berüchtigten Schrei. Der Dionysosritt ist nicht sehr entwickelt; doch fügt N. 2510 A B zu dem zwischen 2 Silenen reitenden Dionysos noch eine Nymphe auf der Schulter eines Silen und einen anderen Silen, der statt in die Hände auf seine Hinterbacken klatscht [5]. Aber man hat jenes Motiv bekanntlich auf Hephaistos übertragen, welcher

---

[1] Meine Beschreibung geht von einer etwas anderen Einteilung der Figuren aus, als sie in der Abbildung zu sehen ist.

[2] Vgl. dazu die Parallelen in Anhang III. Dümmler, welcher diese nicht berücksichtigt, will eine unbekannte Sage erkennen (Jahrbuch 10,40).

[3] Kylix De Crescenzis, Arch. Anz. 1847 Sp. 25* Nr. 25; dort ist von Gerhard ein doppelter Dionysos angenommen.

[4] Fast immer wird er in den Beschreibungen Maulesel genannt. Auch am Anfange der „Frösche" kommen Dionysos und Xanthias mit einem Esel daher. Auf der korinthischen Amphora B. 1652 ist das Tier, auf welchem der sonst unbekannte, struppige Dämon Euvarchos reitet, inschriftlich als Esel bezeichnet; die Bemalung ist nämlich eine „ideale" (Hals rot, Leib weiss getupft). (Euarchos fängt gut an, aber dem Oknos vereitelt dessen Esel die Arbeit; die Rolle der Esel zeigt, dass diese Allegorien bei den Bauern entstanden sind).

[5] Vgl. auch die Nikosthenes-Vase Nr. 25 Klein im Louvre.

von Dionysos und dessen Leuten in den Olymp, dem er grollend ferngeblieben, oder von den Silenen zu Dionysos wieder zurückgeführt wird [1]; dadurch entwickelt sich ein förmlicher Komoszug, wofür hier zwei Beispiele genügen mögen. Auf der Françoisvase (W. V. 1888 T. 3) folgt dem Gotte ein mit dem Weinschlauch beladener Silen-Bedienter, dann ein flötender Silen, hierauf ein Silen, der eine Nymphe auf seine Schulter hebt [2], und den Beschluss machen Nymphen. Mannigfaltiger ist das Randbild der Würzburger Vase Nr. 337 [3]: Zu Dionysos, welcher auf einem altarähnlichen Sitze Platz genommen hat, führt Hermes den reitenden (unbärtigen) Hephaistos, dem ein Silen vorantanzt; 13 Männer und Jünglinge und 5 Frauen folgen im Tanzschritt; ein junger Mann thut, als ob er sich rücklings auf einen Hund setzen wollte; auch ein Panther wird mitgeführt, eine Trinkschale, ein Trinkhorn und ein Weinschlauch getragen. Auf dem Boden stehen drei grosse Gefässe. Hinter Dionysos tanzen vier Paare [4]. Reitende Nymphen, die meist nach Männerart auf dem Esel sitzen, sind in trivialen Malereien (Anh. III; beliebte Figuren (Abb. 10); ein hübscheres Bildchen besteht aus einer Nymphe, welche stehend ihren Esel streichelt, und einer tanzenden Gefährtin (L. 270 A).

(Abb. 10)

Dass Dionysos in Gesellschaft Poseidons auf einem Stier reitet, ward bereits erwähnt (S. 29). Dieses ländliche Reittier benützt jedoch auch zuweilen Hephaistos (R. C. 221 B, abgeb. Fiorelli, vasi cum. II = Bull. napol. n. s. V T. 10, 2), desto öfter aber Nymphen (B. 2009; G. II 149. 1. 8. 5; L. 475. 644; Ma. 28 = Catal. Durand 192. das. 191; N. 2742. 2798 A; Ö. 227 B; Petersb. 133; Laborde, vases de Lamberg I T. 77); B. 2007 sieht man eine ganze Cavalcade; M. 367 sind die zwei Nymphen noch nicht aufgesessen [5]).

Zur ländlichen Reiterei gehören dann die Widderreiter. Dionysos reitet nur ausnahmsweise auf diesem heiligen Tiere (L. 388 A). Was aber die eigentliche Fastnacht anlangt, so dürfen wir das Zeugnis einer rotfigurigen Zeichnung verhältnismässig höher hinaufsetzen, weil diese offenbar zwei junge Bauern auf Schafbock und Geisbock reitend

---

[1] Wänig, de Vulcano in Olympum reducto, Diss. v. Leipzig 1877 S. 19 f.

[2] So ist die Gruppe zu erklären; da ihr späterer Typus noch nicht ausgebildet war, schloss sich der Maler zunächst an den Typus des Frauenraubes an.

[3] Abg. bei G. IV 285/6. Die Abbildung ist stilwidrig und in kleinen Dingen ungenau; hier nur die Bemerkung, dass die Silene und das Reittier so dünne Schwänze haben, dass dieselben nicht für Pferdeschweife gelten können.

[4] Obscene Gruppen hinter Hephaistos auf der „ionischen Vase" Ö. 218 (Röm. Mitt. 1888 S. 167 f. Nr. 7). An der ergänzten Vase Nr. 8 (das. S. 168) ist der vierbeinige Begleiter des Komos (S. 20) zu sehen. Zug mit Dionysos an der Spitze; s. S. 31; B. 2033 wird danach abzuteilen sein.

[5] Bezüglich der zweifelhaften Europe-Bilder s. Overbeck, Zeus S. 421 f.

vorführt [1]). Schwarzfigurig dagegen ist wieder die Vase mit drei Frauen, die, Rebzweige in der Hand haltend, auf Widdern reiten (N. 2494 A B).

Noch komischer ist der Ziegenbock als Reittier. Dionysos gebraucht ihn (M. 709) ebenso gut wie ein Silen (mit 3 zu Fusse gehenden Kameraden G. I 55; L. 168) oder eine Nymphe (M. 359 = Lau, Vasen T. 15, 2; Denkm. und Forsch. 1854 T. 71, 1).

Auf einem Maultierwagen führte die vermeintliche Athene den Peisistratos nach Athen zurück, weil mit einem solchen auch der vornehme Mann über Land fuhr [2]); zum Komos dagegen gehört der Eselwagen, wie aus einer Alexanderanekdote hervorgeht. [3]) Doch sind die Fälle wenig zahlreich, sei es nun, dass Dionysos selbst allein im Wagen, um den Nymphen und Silene sich tummeln, sitzt (S. 153) oder Leute nach der unausrottbaren Gewohnheit der Südländer sich in einem zweiräderigen Karren zusammendrängen (L. 80,3, abg. Journal of hellenic studies I T. 7). Eine solche singende und johlende Komosgesellschaft kann man in Italien am Feiertag Abends oft genug fahren sehen. In Platos Gesetzen (1,637 b) redet der Wortführer mit Indignation von diesen attischen Wagen.

Am komischesten ist das Gespann von Ziegenböcken, welches Dionysos eignet (G. I 54) [4]).

Ein kindliches Spiel wird erneuert, wenn der Grieche sich kindlich freut. Huckepacktragen wäre allerdings auf die Dauer für beide Teile wenig bequem, dagegen lässt man Kinder auf der Schulter reiten [5]). Dionysos selbst verschmäht dieses harmlose Vergnügen nicht (M. Gr. II 10,3 a), zumal wenn die Frauen seines Gefolges mitreiten; zu Reiteseln geben sich gefällige Silene her (B. 1935. 2055 A m. B.). Weitaus häufiger reiten nur die Frauen. Wir sehen es wie in einem Kinematograph: Silene fassen im Tanzen Frauen um den Leib (B. 1845 B; M. 577. 1034 AB), [6]) nur wenige sind so galant, niederzuknien, (Erbach 4); der eine ist im Anfassen weniger schüchtern (S. 159) oder im Heben rascher als der andere (M. 651 A), endlich sitzen die Frauen oben (M. 546 AB. 1348 B) und spielen die Flöte (B. 1935; L. 478) oder klappern mit den Castagnetten (M. 546 AB. 1348 B) Einen rein menschlichen Zug sieht man M. 434 B: Zwischen zwei epheubekränzten Männern und einem vierten lässt einer, der in der Hand einen Zweig trägt, eine Castagnettenschlägerin auf seiner Schulter reiten. Nur der letzte hat eine Chlamys, der erste wie ein Opferdiener den Schurz.

---

[1]) Annali 1862 T. H. Braun (Annali 1862, 125 f.) betont den ländlichen Charakter. Hier liegt der von Dieterich, Pulcinella S. 103 vermisste griechische Beleg des Karnevalhutes vor.

[2]) Herodot 1,59. Der Maultierwagen des Kypseloskastens wurde auf Nausikaa bezogen (vgl. dazu Löschcke, Athen. Mitteil. 19,513 Anm.)

[3]) Karystios bei Athen. 10,434 f.

[4]) Nur phantastisches Gedankenspiel ist das Gespann von Löwen und Hirschen an der Phineusschale, wie das Sperlinggespann der Aphrodite bei Sappho. Den Flügelwagen hat Dionysos G. I 41 von Triptolemos entlehnt.

[5]) Jahn zu M. 851 A; Balle, Silene S. 67. Ich möchte übrigens groteske Thongruppen wie bei Gerhard, akadem. Abhandl. T. 59,2 in Erinnerung bringen.

[6]) In dem delphischen Relief Denkm. alter Kunst II Nr. 472 erscheint dieses Motiv bereits bei den tanzenden Zechern.

Am Wagen des Dionysos ziehen einmal zwei Silene und zwei Nymphen (B. 1951 = Gerhard, ant. Bildw. 17); ein Silen wird von zwei Kameraden gezogen (M. 1119 AB, Bause in W.). Auch dies ist kindliches Spiel und, wenn auch dabei ein Citat stehen soll, sei das „Zigeunerfuhrwerk" von Knaus genannt. Hier rede ich wohl am besten von dem Schiffswagen. Er ist an sich nicht dionysisch, aber in einer grossen Seehandelsstadt darf das Seemännische weder beim Symposion noch bei einem grossen Aufzug fehlen. Das erstere beweisen für Athen die an Trinkschalen häufigen Marinebilder [1]. Und wie Dürer am 19. August 1519 zu Antwerpen in der grossartigen Prozession Figuren und Gruppen nicht blos auf Wägen, sondern auch auf Schiffen vorüberziehen sah, so hatten die Athener bei dem grossen Schauzuge, wo weniger der Cultus als Laune und Phantasie herrschten, den Schiffskarren aufgebracht, welcher durch eine Art von Bugspriet (ἔμβολος) gekennzeichnet ist [2]. Der neuerdings öfter besprochene Napf von Bologna [3] hat als Hauptgruppe den von zwei Silenen gezogenen Schiffskarren, in welchem sich Dionysos und zwei andere Silene befinden; hinten hängt ein Schleppnetz herunter, nach welchem ein Knabe greift. Die übrigen Figuren stellen einen dionysischen Opferzug dar, aber ob alle voran oder hintenach oder nur der Stier mit zwei Silenen voran und die vier Frauen, von denen die erste den Opfertisch auf dem Kopfe trägt, hinten gingen, ist vorläufig nicht auszumachen; denn die Paralleldarstellung aus Acre (L. 79 A, abg. J. I 33) bringt nur auf der Rückseite sechs Männer, die unter Flötenspiel einen Stier führen (S. 12). Die zwei Begleiter des Dionysos spielen Flöte. Ich reihe daran ein drittes Bild, welches den Schiffskarren mehr andeutet als darstellt [4]. Acht nackte Männer tragen ein Gerüst, an welchem der Embolos wie der Sporn eines Kriegsschiffes mir deutlich zu sein scheint; in diesem trägt ein Silen den Dionysos auf seinem Rücken.

Gewiss wird man noch andere verschiedenartige Blüten der dionysischen Laune sammeln können. So wiegen zwei tanzende Nymphen einen Ziegenbock und einen Panther in den Händen [5]. Die Männer [6]) versteigen sich zu akrobatischen Leistungen. Eine griechische Bronze [7]) stellt z. B. einen pferdehufigen Silen dar, die Hände auf dem Boden, ein Bein hoch in der Luft.

Schon allein aus dem Figurengemenge der auf den letzten Seiten besprochenen Bilder könnten wir schliessen, dass die jungen Athener sich gerne als Silene und Nymphen maskierten. Die Vermummungen jeder Art passen überhaupt zu dem Gotte, der selbst so verwandlungsfähig ist. Die Bilder zeigen nur sehr primitive dörfliche Anfänge [8]): Drei

[1]) Klein, Euphronios [2] 41 Anm. 1.

[2]) Idealisiert ist dieser Brauch, wenn Dionysos in einem wirklichen Schiffe fährt (Schale des Euchiros M. 33b = G. 1,49 = W. V. 1888 T. 2,1 a u. 6.).

[3]) Brizio im Museo Italiano II p. 30 T. 1,4; vgl. Dümmler, Rhein. Museum 1888 S. 355 f. Das Netz wird von dem einen Korb, von dem anderen Segel genannt.

[4]) Schale von Florenz, abgeb. bei Heydemann, Mitt. aus den Antikensamml. in Ober- u. Mittelitalien T. 2,3; die Rückseite „A" ist abgekürzt. Bulle, Silene S. 66 f. deutet das Gerüst symbolisch.

[5]) Welcker, Denkm. und Forschungen 1854 T. 71, 3.

[6]) Κυβιστητῆρε im homerischen Schild (V. 605) genannt.

[7]) Im Kunsthandel (nach Photographie). In Worten ist diese Stellung bei Aristophanes, Wespen V. 1492 f. ausgedrückt.

[8]) Sie sind z. B. von Jos. Poppelreuter, de comoediae Atticae primordiis, Diss. v. Berlin 1893, Kap. 1 besprochen.

gewappnete Männer reiten auf Kameraden, die Kopf, Hals und Schweif von Pferden angelegt haben; ein Flötenspieler bläst ihnen einen Reitermarsch (B. 1697 A)[1]. Ein anderer Flötenspieler begleitet den Marsch von zwei Maskierten, welche sich Flügel und Vogelschweif angebunden und an Kinn und Scheitel Federn angesteckt haben, um für Vögel zu gelten (L. 506)[2]. Und solche Tiermasken sind dann durch das gesamte Altertum hindurch beliebt gewesen.[3]. Selbstverständlich gab es auch andere Masken: Vermummte, unkenntlich gemachte Gestalten marschieren B. 1830 A[4]) hinter einem Flötenspieler her; ihr Kopf, der allein aus dem Mantel heraussieht, trägt eine Maske, welche nach den damaligen Anschauungen von Komik eine grosse aufgestülpte Nase, dicke Backen und gesträubtes rotes Haar (vielleicht auch Hahnenkamm) hat. Dieselbe passte, wenn man einen Silen machen wollte.

Die komische Phantasie fand in Wort und Zeichnung nicht die engen Schranken, welche ihr durch die bescheidenen Mittel eines bäuerlichen Fastnachtszuges auferlegt waren; wie sie aber weiter arbeitete, deuten einige Vasenbilder an. Männer reiten auf dem fabelhaften Alektryon (Heydemann, Vasenbilder T. 8, 4; Collignon zu A. 335) oder auf dem afrikanischen Strauss (Boston Nr. 372, abgeb. Bull. Napol. n. s. V T. 7,1) oder sind, kriegerisch gerüstet, auf Delphine (das.) gesetzt[5]. Die Witze über den Phallos schaffen eine Phallospflanze oder -Schnecke (W. 82 A) und einen Phallosvogel (Heydemann, Vasenbilder T. 5,7).

Denken wir uns diese Masken Spottlieder singend, so ist auch von dieser Seite der Zugang zur K o m ö d i e eröffnet; diese ist aber erst aus der Vereinigung solcher Masken mit den Komostänzen der Phallophoren (S. 27) hervorgegangen[6]. Das S a t y r s p i e l ist nicht schon damit fertig, dass als Satyrn verkleidete Griechen herumhüpfen und zur Leier und Flöte singen, wie wir die Silene abgemalt sehen. Das reicht zu Tanzliedern, ergibt aber noch kein Stück. Das Satyrwesen bedarf zuvor ebenso gut der inneren Ausgestaltung als des Anschlusses an die Heroensage. Die alte Zeit weiss von den Silenen und Satyrn nichts anderes als dass sie nichtsnutzige Nymphenjäger sind[7]; darüber gehen auch die alten Bilder (L. 113. 125,6. 638,1; W. 82 AB.[8]) 354 vgl. 280 AB) nicht hinaus[9]. Wohl

---

1) Abgeb. Panofka, Parodien T. 1, 4; Poppelreuter, a. O., Tafel zu S. 8.

2) Abg. Journal of hellenic studies II T. 14 B 1.

3) Dass der gepanzerte löwenköpfige „Silen" Musée Napoléon III T. 59 = Journal of hellenic studies 14, 117 Fig. 12 einen dionysischen Tanz darstelle (A. B. Cook, Journal a. O.), scheint mir durch eine Stelle des Neuplatonikers Porphyrios nicht erwiesen; ich sehe nur den löwenköpfigen Phobos (Pausanias 5, 19. 4). Als Probe späterer Masken sei die auf allen Vieren kriechende Mänade, welche in der Protome eines Löwen steckt, angeführt (Cameo in Neapel, Archäol. Ztg. 1847 T. 9, 2).

4) Abg. Gerhard, Trinkschalen und Gefässe T. 30; Journal II 14 Fig. A 1. 2.

5) Ueber die Delphinreiter handelte zuletzt Karl Klement, Arion, Wien 1898. Aus späterer Zeit sind die Hahnenreiter zu vergleichen (Dieterich, Pulcinella S. 243 f.).

6) Vgl. v. Wilamowitz, Herakles I 154; Dieterich, Pulcinella S. 56.

7) Aphrodite-Hymnus V. 263 f.; „Hesiod" bei Strabo 10, 471; interessant ist, dass dieser Dichter die Satyrn mit den tanzlustigen Kureten verbindet.

8) Diese Vase, welche zu der von Dümmler, Röm. Mitteil. 1888, 177 besprochenen Gruppe gehört, hat ein merkwürdiges stilistisches Analogon mit der kyprischen Vase Perrot III Fig. 521 (vgl. Fig. 496) in der Darstellung des auffliegenden Vogels (vgl. Röm. Mitt. 1888 S. 175 Fig. 5).

9) Ebenso die plastischen Bilder bei Balle, Silene S. 1 f. I b. II a. III. Mit der Phineusschale hat das chalkidische Kühlgefäss Nr. 22 Balle (Silene S. 16) nicht bloss die Behaarung der Silene, sondern auch den Schauplatz im Palmenland (worüber an anderer Stelle) gemeinsam.

aber kommen in der jüngeren Zeit kleine Idyllen aus dem Satyrleben vor: Die einen sind kindliche Spiele mit Tieren. Der Satyr hält einer Ziege eine Traube hin (L. 373 A) oder fängt von hinten eine Hirschkuh oder ein Reh (M. 1158; N. 2459; vgl. Ö. 296) und neckt ebenfalls von rückwärts einen Bock (B. 2069), hält aber dem Angriffe desselben nicht Stand (M. 682). Die spätere Zeit fügt noch manche kindliche Posse hinzu, z. B. hat sich einer unfreiwillig auf den Boden gesetzt und schreit nun wie ein kleines Kind (N. 2524 B). Passiv erscheinen die Silene N. 2462, wo ihrer zwei auf einem Baum hocken, den zwei Frauen schütteln.

Andere komische Züge entspringen der Idee der „Vollen" (S. 28). Ein Satyr trägt den geliebten Weinschlauch wie ein Kind (M. 1240 I); Betrunkene kriechen und liegen herum (M. 348. 1237 AB)[1]. Der eigentliche Trinkerhumor ist jedoch erst in den Nachzüglern der Technik zu finden[2].

Es bleibt jedoch nicht bei solchen Idyllen, aus denen dann nur die Einzelwitze der Satyrspiele geschöpft werden konnten. Aus dem affenartigen Wesen der Silene, das z. B. an der Phineusschale und in mehreren Darstellungen der Weinlese unverkennbar zu ersehen ist, entspringt die affenmässige Nachahmung, die parodisch wirkt. Die Silene parodieren die gymnastischen Spiele (M. 348. 542 A)[3] und die Hopliten (Catal. Durand n. 194; L. 626; S. 162 B)[4]; der tapferste spielt den Stierkämpfer, indem er sich mit einem Baumstrunk in der Rechten in Positur setzt[5].

Die gleiche improvisierte Keule erblicken wir in den Händen eines Satyrchorführers (N. 2508). Sie ist natürlich von den Kentauren geborgt. Die Silene kommen eben in die Gesellschaft der anderen Unholde der Wälder und Berge. Einer läuft neugierig hinter Kentauren her (M. 957); ein anderer tanzt vor einem Greifen (Amphora in Wien, Philologus 27,21 A. 67) oder mit der Sphinx, indem er auf einer Kriegstrompete bläst (Arch. Ztg. 1848 Sp. 248 Nr. 8. 287). Hiezu ist nicht blos das äschyleische Satyrspiel „Sphinx" zu erwähnen; man hat auch einen Komos nackter Zecher um die Sphinx dargestellt (N. 2479 AB) — wieder ein interessantes Beispiel der Verwandtschaft von Komos und Satyrspiel. Vielleicht hat auch Minotaurus mit den lustigen Vettern Freundschaft geschlossen (N. 2749)[6]. Diese Bildergruppe reicht aber schon in ein jüngeres Zeitalter hinein. Nur ein unangenehmes Rencontre ist älteren Datums. Böse Wesen (vermutlich idäische Daktylen) legen den Silenen Schlingen und führen einen, nachdem sie ihm sein einziges Gut, den Weinschlauch abgenommen, gefangen fort[7].

---

[1]) Obscenes Einzelbild s. B. auf der Schale des Anakles und Nikosthenes B. 1766.

[2]) Drei raufen um zwei Fläschchen, weil jeder ein ganzes haben will (M. 286); zwei Angeheiterte küssen sich (N. 2784 B).

[3]) Schon Jahn hat auf die „Ringer" des Pratinas verwiesen; mehr bei Dieterich, Pulcinella S. 61 f.

[4]) Es wäre aber auch möglich, dass hier Kureten, die Brüder der Satyrn (S. 35 A. 7) dargestellt sind.

[5]) Tierfries von Xanthos Brunn-Bruckmann T. 104.

[6]) Der stierköpfige geschwänzte Mann A. 312, welchen ein Jüngling verfolgt, dürfte Minotaurus sein. Ueber einen löwenköpfigen Satyr s. S. 35, 3.

[7]) Schale des Ergotimos, abg. G. III 238 = W. V. 1888 T. 4, 2 c. Das scheinbar ähnliche Bild M. 790 A ist nicht antik.

Wie unter den menschlichen Zechern der weisshaarige Lebemann eine gewisse Rolle spielt, so tritt zur Abwechslung der weisshaarige Silen auf (z. B. W. 26); daraus entwickelt sich dann nach der später vorwiegenden Bezeichnung des Alters der kahlköpfige Silen (wie B. 2128 A; N. 2763)[1]). Kleine Silene springen häufig um grosse, nicht blos auf der Phineusschale.

So war die Bahn zur individuellen Rolle des Silenos eröffnet. Der Chor der Satyrn dagegen wird mit der Zeit so manierlich, dass ihn Dionysos in die Gesellschaft von Göttinen mitnehmen kann (W. 298 A; B. 2011)[2]) und diese auch ohne Dionysos die Schaar um sich dulden (B. 2087 AB, abg. Gerhard ant. Bildw. 46,3. 4; B. 1882 B, abg. G. 4, 242, 4; ders., akad. Abh. T. 69,1; G. 4, 324[3]). Weit weniger verwunderlich ist es, dass Herakles einen Silen zum Mundschenk erhält, dem er mit der Keule droht, wenn er ihn nicht ordentlich bediente (N. 2468 A, vgl. B). Dies sind die Ausgangspunkte des heroisch-mythologischen Satyrspieles[4]). Auch Kostüm und Masken der frühesten Fastnachts-Satyrn kann man erschliessen. Das haarige Fellkleid, welches den Leib des flötenden Satyrs M. 601 AB[5]) bedeckt, und seine Stiefel müssen doch als Kostüm gelten. Andre Vasen bringen eine Satyrmaske langbärtig wie der Gott (Anh. I) und mit Epheu bekränzt oder mit einer Haarbinde geschmückt (M. 1027 AB[6]). 1113 u. a.).

Der Philosoph findet die Scheidung von Satyrspiel und T r a g ö d i e in dem Verschwinden des Komischen wie in der Steigerung der ernsten Würde; jedenfalls ist aber schon vorher eine Doppelheit von Chören dagewesen, indem man sich Dionysos auch von Wesen edler menschlichen Gestalten umgeben dachte. Auf Grund der Bilder möchte ich glauben, dass die Vorliebe für jugendliche Schönheit, zumal für schöne Mundschenken die Verfeinerung des Chores beförderte. Statt eines Mundschenken dient Oinopion, der chiische Heros, seinem göttlichen Vater auf der schönen Vase des Exekias (L. 210)[7]); M. 73 B stehen um Dionysos sogar vier unbekleidete Jünglinge, von denen mindestens 3 als Schenken gedacht sind, denn während einer einschenkt, halten zwei andere in den Händen Weinschläuche, deren zierliche Kleinheit schon an sich charakteristisch ist. Solche Jünglinge stellen dann in manchen Bildern (z. B. N. 2708; W. 214) gegenüber den bärtigen Silenen die jüngere Generation „derer um Dionysos“ dar. Endlich sind auch die Silene durch bärtige Menschen ersetzt (W. 338 A B[8]), verkürzt M. 471 B)[9]). Das verfeinerte Schicklichkeitsgefühl wird von dem Philosophen Herakleitos in polemischen Worten formuliert[10]).

---

1) Den Ausdruck „Papposilen“ vermeide ich, weil er sich auf eine falsche Lesart bei Pollux 4. 142 gründet. Es gibt im Satyrspiel überhaupt nur einen Silen, der den jungen Satyrn eine Art Grossvater ist, wie der „graue Satyr“ die mittlere Generation darstellt.

2) Statt Silen Nymphe Benlez, chois T. 3, 2 a.

3) Mit Apollo A. 327.

4) W. 249 B ist der „Satyr“ neben der Flucht des Äneas ein nackter Mann, der mit dem Hunde spielt — also ein heiteres dekoratives Motiv.

5) Hauser in Würzburg.

6) Abgeb. Micali, monum. inediti T. 43, 4

7) Abg. G. 3, 206; Baumeisters Denkm. Fig. 2122; W. V. 1888 T. 6, 2 b. Die Mutter ist A. 325 hinzugesetzt.

8) Beide Bilder sind spät.

9) Bilder wie L. (80, 27). 149. 153 (zur Geberde des Ikarios vgl. W 338 AB); M. 77 B stellen wohl Göttergesellschaften dar, W. 180 B (die Männer halten Lanzen) dagegen eine Siegesfeier; vgl. W. V. 1889 T. 5, 3 b.

10) Bei Clemens Alex. protr. 14 Par.

Der Keim war gelegt, dem das Genie der grossen Meister eine ausserordentliche Entwicklung geben sollte. Aber ohne die Bedeutung des individuellen Wirkens mindern zu wollen, sei doch betont, dass der Chor der Tragödie nicht als eine neue Erfindung, sondern als etwas selbstverständliches vor die Athener trat; denn sie waren so gewohnt, alles Wichtige in voller Öffentlichkeit verhandelt und ausgeführt zu sehen, dass ihre Maler längst zu allen möglichen heroischen Scenen teilnehmende Zuschauer gerne hinzumalten [1]). Von einem Chor kann man allerdings strenggenommen nur bei einer Trinkschale der Münchner Sammlung (Nr. 333) [2]) reden; denn hier bezwingt Theseus den Minotauros angesichts der 13 Athener [3]) und Ariadnes, welche dann den Reigen tanzen werden, und das athenische Chorlied ist sogar wieder in Athene mit der Kithara personifiziert. Dieselben Zahlen (14 oder 15) kehren sowohl im Dionysoskult, wenn die „Königin" von den 14 Ehrendamen zum Gotte geleitet wird, als in Bildwerken wieder (14 z. B. Bull. de corresp. hellén. 17, 424 Fig. 1. 427 Fig. 2).

Dies sind die bildlichen Zeugnisse, mit denen die Entwicklungsgeschichte des Dramas zu rechnen hat. Sie mögen dem, der von der Archäologie nur Illustrationen haben will, dürftig erscheinen; wenn man jedoch die Tausende von Weinkrügen und Trinkgeschirren mit ihren mythologischen und heroischen Bildern betrachtet, wenn man vollends die jüngere Malerei die ganze griechische Sagenwelt in ihr dionysisches Rankenwerk einbeziehen sieht, dann mag wohl das Urteil über die athenischen Banausen, welche gegen die neue Dichtung Οὐδὲν πρὸς τὸν Διόνυσον schrieen, fertig sein; haben doch Dichtung und Malerei aus dem dionysischen Kreise so reiche Anregung empfangen, wie durch keinen anderen religiösen Faktor. Fürwahr, der homerische Sänger hat ahnungsvoll ein wahres Wort gesprochen: „Leb' wohl, Kind der schöngesichtigen Semele! Nicht möglich ist's, dass einer, der dein vergässe, ein liebliches Lied formen könnte".

---

1) G. 3, 237 sehen sieben Personen dem Ringkampf des Peleus und der Atalante zu.

2) Abgeb. G. III T. 234/5 = W. V. 1889 T. 2, 2 b.

3) 14 Athener: Gazette archéol. 1884 T. 1/2 (Theseus bärtig). Diese Vase zeigt, dass Bakchylides die Zahl schon aus älterer Tradition übernahm; daher ist der von K. Klement, Arion, Wien 1898 S. 31 gegen Robert erhobene Einwand nicht zutreffend. Servius (Verg. Aen. 6, 21), Fr. 144 Bergk) zeugt ohnehin für Sapphos Priorität

# Anhang.

## I. Dionysosbilder.

Weil die bisherigen Besprechungen von rotfigurigen Bildern auszugehen pflegen, stelle ich hier kurz die Zeugnisse der schwarzfigurigen Bilder zusammen, wenn dieselben auch alle der jüngeren Periode angehören. Das normale Kultbild des Dionysos scheint damals entweder eine an den Schaft einer Säule angeheftete, fast den Boden berührende kolossale Maske mit Epheukranz (B. 1930, abg. Gerhard, akad. Abh. T. 67, 3. 1967, abg. Arch. Jahrbuch 11, 115 Abb. 2)[1] oder die ithyphallische, unbekleidete Herme B. 1928, abg. a. O. T. 64, 2; das. T. 64, 1; vielleicht auch L. 362 A [Micali, storia T. 96, 2]. 627; W. 286 AB gewesen zu sein. Auch eine kolossale, kurzhaarige Frauenmaske kommt bei einem brennenden Altar vor (L. 855 wie L. 627 aus Kamiros); das kurze Haar ist spartanische Sitte (Aristoteles fr. 611, 13 Rose). Epheubekränzte Dionysosmasken an Vasen (Mu. 14 A B) entsprechen den Silenmasken, welche für Apotropaia gelten. Aber der griechische Anthropomorphismus belebt diese Bilder, denen noch ein Rest des Fetischismus anhaftet. Aus der Maske wird das gewaltige Haupt des Dionysos, das zusammen mit dem Kopfe seiner der Unterwelt entrissenen Mutter Semele aus dem Boden aufsteigt (S. 172 B, variiert A, abg. Bullett. napol. n. s. VI 13; Gerhard, akad. Abh. T. 68, 1. 2; vgl. dens. T. 68, 3. 67, 4). Statt der Herme aber sitzt in jüngeren Bildern Dionysos selbst hinter dem brennenden Altare, wobei er einen Rebzweig hält (S. 191 A) oder den Weinstock schützend anfasst (B. 2127 B); ähnlich Athena und andere Göttinnen (z. B. Gerhard, etr. u. kampan. Vasenb. T. 2).

## II. Schematische Bilder.

Die Masse der Bilder ist nicht so gearbeitet, dass man sie ohne weiteres als bildliche Quellen benützen könnte: denn sie unterliegen künstlerischer oder, wenn man lieber will, dekorativer Anordnung. Wenn sie im Folgenden verzeichnet stehen, so beanspruche ich dafür nicht den Rang der „kjøkkenmøddinger". Immerhin dienen diese Bilder als geeigneter Hintergrund für die individuelleren Darstellungen, welche im Texte unmittelbar verwertet werden konnten. Überdies möchte ich gern einmal versuchen, das Wesen der archaischen Typik an dieser so zahlreichen Gruppe zu zeigen.

### 1. Der stehende oder gehende Dionysos:

A. a. allein L. 180 A B 264 A (vor ihm Löwe mit offenem Rachen, abg. G. I 38 = Élite céram. I 49). 290 A; M. 70 B. 511 A B. 628 A B. 1120 (mit Ziegenbock). 1170 I; W. 217 B. 417 (mit Panther); rein ornamental s. S. 28.

b. Ihm gegenüber eine Göttin (Ariadne oder Semele) G. I. 23; zwischen Säulen, auf denen ein Hahn steht L. 198 (abg. G. IV 240) u. B. C. 220 B; mit Bock: R. C. 229 = Vasi Cum. T. V 1 = Bull. napol. V T. 10, 7. Neben einander M. 518 B? (vgl. A).

c. zwischen Göttin und Hermes: L. 259 B (von letzterem geführt[1]). Die Fälle, wo Dionysos zur Seite steht, also Nebenperson ist (z. B. G. I, 73; Bonn Nr. 713 B), lasse ich weg.

d. mit Göttin (2 Kinder auf dem Arm tragend) zwischen Hermes und einem epheubekränzten Jüngling: G. I 55; Jüngling weggelassen M. Gr. II 41, 1 a.

e. Sinnlos erweitert M. 237 (auf weissem Grund).

B. a. Auf jeder Seite drei Personen u. eine Nymphe zwischen zwei Silenen: M. 835 A B; wahrscheinlich auch am Porosgiebel der Akropolis (Athen. Mitt. 1890 T. 2, wo nur eine einzige solche Seitengruppe erhalten ist); Dionysos zwischen zwei Göttinnen: W. 214 (statt der

---

1) Auf beiden Seiten eine Maske; das. Abh. 1 (Text von O. Kern).

äusseren Silene Jünglinge). Eine Nymphe hinzugefügt: M. 730 B; ein Silen fehlt G. III 173; M. 235, abg. Lau, Vasen T. 18, 1.

β. auf der einen Seite: Nymphe zwischen Silenen, auf der anderen Silen zwischen Nymphen: I. II 123; vgl. Petersburg 216 [Klein, Lieblingsinschr. 51].

b. Auf jeder Seite zwei Personen α) Silene: B. 1872 B; W. 333 B; mit Göttin L. 181 A. Ein Silen fehlt: M. 765. 1105; N. 2725 B (Analog 2 Göttinnen statt D. L. 163 B).

β) Nymphen: B. 1844 A. Analog Göttin mit Panther: M. 1354 B.

γ) auf der einen Seite Silene, auf der anderen ein Paar (Nymphe und Silen): L. 208 B (D. mit Göttin); W. 145 B. 248 B.

δ) ebenso zwei Nymphen und ein Paar: Ma. 31 B = Cat. Durand 123;

ε) je ein Paar: B. 1866 B; L. 179 B [G. I 53]. 222 B. 247 AB. 300, 2 [Pamphaios: W. V. D 6]. 332, 2. 467; M. 147 A. 170 B. 585. 592 B. 646. 696 AB. 1207. 1338 A; N. 3416 B; R. C. 219 B. 235 A; S. 36 B; W. 115 A. 117 A. 128. 218 (2 Göttinnen?). 303 A. 312 B; M. Gr. II 9, 3 a. 10, 1 a. 38, 1 a. 2 a. 65, 2 a; nikosthenische Amphoren Nr. 3. 26 B (A eine Nymphe hinzugesetzt wie B. 1827 B; ein Silen den hinteren Silen umarmend beigefügt M. Gr. II 54, 1 a). Ein Silen fehlt: L. 227 B; M. 1266 B. 1342 B; Petersb. 190; W. 96 A, M. Gr. II 40, 2 a. Eine Nymphe fehlt: Bonn 712?; M. 535 A; M. Gr. II 56, 2 a; W. 420 B. Statt des einen Silens Esel: N. 2704. Die Silene umfassen die Nymphen: B. 1845 B. Die Nymphen reiten auf den Silenen: Panofka, Parodien T. 2, 4 (S. 14 citiert er dazu eine Wiener Vase); ein Silen fehlt, die N. ist also zu Fuss: N. 2583 A. Die Nymphen auf Eseln: . . . . . . . ; ein Silen fehlt: A 304. — Mit Göttin L. 203 B; N. 2466 B; M. Gr. II 49, 2 a; eine Nymphe fehlt: S 100 A.

b. zwischen 2 Personen α) Silenen: B. 1940. 1959; G. I 32 (m. Bock); I. I 72; L. 178 A (m. Bock). 242 B; M. 95 B. 311 B. 432 B. 501 B. 582. 692 B. 1193 B. 1200 B; Ma. 40 B (= Cat. étrusque Nr. 83 = Compiègne 75?8, vgl. Klein, Lieblingsinschr. 37). 57 B (= Cat. Durand 640); N. 2481 (abg. I. I 88). 2523; S. 181 B; W. 51 A [1]. 69 B. 91 A (mit Bock). 253 A. 334 B. 379 A. 425 A, V. I Nr. 80; M. Gr. II T. 40, 1 a. 53, 1 a; die Silene haben Esel: B. 1874 B (der eine reitet). Dionysos und Göttin: K. 161 B [Creuzer, Auswahl T. 13]; M. 56 (rotfig. Seite). 397 A (m. Bock). 425 B. (neben einander). 450 B. 653 B; S. 146 A; W. 387, auf zwei Seiten verteilt M. 1116 AB. Göttin allein M. 96 A; N. 2471. D. und 2 Göttinnen: L. 552 (die eine Athene); Ö. 225 B (abg. T. 3); Dionysos zwischen Göttin und Hermes N. 2837 B; W. 298 B; G. I 48 (wo ein Gott mit Scepter nachträglich beigesetzt ist); W. 427 A = G. I 56 (Göttin mit Kind; Hermes nachträglich beigefügt).

Neben Hermes eine Göttin, dafür die zwei Silene auf der anderen Seite: L. 267 B.

β) Nymphen: A. 209 A. 359; B. 1235. 2090; I. I 40, 2; L. 202. 223 B. 241 B. 250 B. 268 B. 285 B. 413 AB; M. 375 B (rotfig. Seite). 644 A. 1290 B. 1292. 1346 B; M. Gr. II T. 37, 2 a (m. Bock); N. 2441; Ö. 228 B; R. C. 217; S. 148; W. 92 A. 98 B. 111 A (mit Bock). Durch Augen gesondert M. 1159. Die Nymphen auf Eseln: A. 307, dabei D. zwischen zwei sitzenden Göttinnen S. 261 AB (spät). Analog Silen zwischen 2 Reiterinnen: R. C. 225 B („bekleideten Jünglingen").

c. zwischen Silen und Nymphe: A 349?; B. 2049 I 1; L. 269 A; M. 179 A. 474 A; N. 2747 A; R. C. 231 A; S. 117 B; W. 85 B [G. I, 25 u. 6]. 105 A. Mit Göttin A. 324.

d. zwischen Hermes und Silen: Florenz, Klein. Lieblingsinschr. 150; L. 455 [d'Hancarville, vases III T. 38]; mit Göttin W. 299 A. 377 (Hermes unbärtig; spät?). Statt Silen ein sich deckendes Paar B. 2050 B.

e. zwischen Hermes und Nymphe: . . . . . . . . ; mit Göttin L. 514.

4. a. vor oder hinter dem Gotte ein Silen: I. I 97; M. 916 A. 949 B (Rause in W.). 1150 A; N. 2712 A; R. C. 223; W. 385. 435. Dionysos mit Göttin; L. 213 A 2 (zwei Kinder auf dem Arm, abgeb. I. III 300 = Micali, storia III 85, 1. 2). 220 B; M. 161 B; Benndorf, griech. u. sic. Vasenb. T. 53, 1 (mit Ziegenbock).

4. b. vor oder hinter ihm eine Nymphe: L. 256 B; M. 185 (Rause in W.). 457. 500 B. 512. 642 B; M. Gr. II 33, 2 b (Nikosthenische Amphora Nr. 8); W. 305. 401 AB, Inv. II 161.

Der Höhepunkt des rein Dekorativen ist erreicht B. 2009, wo Dionysos erst zwischen einer Nymphe und einem Silen (beide beritten) und dann noch einmal zwischen 2 Silenen steht.

Mehr oder weniger absichtlich dagegen wird die Symmetrie vermieden K. 185 [Creuzer, Auswahl T. 14]: Dionysos mit Göttin, auf der einen Seite Silen, Nymphe und Hermes, auf der anderen nur Nymphe; L. 298 Unters.: auf der einen Seite 3 Frauen, auf der a. nur 1. Bei Amasis tanzen die zwei Nymphen, welche sich umschlungen halten, auf den Gott zu, dem sie ein gefangenes Häschen präsentieren (W. V. 1889 T. 3, 2).

Eine andere Richtung verdeckt die Symmetrie durch Individualisierung der einzelnen Gestalten: G. IV 317. 8 (Jonisch nach Furtwängler, Goldfund v. Vettersfelde S. 26 A. 3). Der Vase würde man unrecht thun, wenn man sie beschriebe: „Dionysos zwischen je zwei Silenen"; denn keiner ist überflüssig. Der trägt den Weinschlauch, jener den Krug nach; ein dritter schöpft aus dem auf einen Dreifuss gesetzten Kessel. Den vierten, der zu klein zum Arbeiten ist, hat sein Herr das Flöten lernen lassen.

[1] Nicht rotfigurig! Die schwarze Farbe ist durch Feuer rötlich geworden.

## 2. Der sitzende Dionysos.

A. allein, a) auf dem Boden: M. 1322;

b) auf dem Klappstuhl: B. 1875 AB. 2061 J. 2076 AB; K. 197 AB; L. 342. 1. 371 AB. 541. 589. 599. 4. 624. 693 (abg. das. T. 7); M. 137. 160. 607 A. 1030 AB. 1201 A (B zur Abwechslung unbärtig). 1301; N. 2443 AB; W. I Nr. 118.

Gegenüber einer Göttin B. 1809 [Athen. Mitteil. 1882 T. 2]. 1918; M. 556 AB. 1172. 1288 A; N. 2153 AB, oder auf dem gleichen Stuhle L. 477; M. 518 A (s. S. 29). Zwischen 2 Göttinnen (Alles spät): B. 2051 B; M. 547 AB. 1362 A; Ö. 247; R. C. 16; S. 168 (die eine ist Athene R. C. 231; W. 23 A). Hermes beigefügt L. 554, abg. Vases de Coghill T. 38; vgl. S. 163; beide Götter vertauscht L. 550, oder Hermes in Dionysos verwandelt S. 166; zwischen Göttin und Hermes B. 2054 A. Gegenüber Apollo B. 1676 [G. I 9]. Analog Göttin mit Bock Ma. 53 BA; zwei trinkende Männer M. 531 AB, drei Frauen N. 2448 (spät).

B. Auf jeder Seite a. zwei Nymphen und ein Silen dazwischen: M. 602 AB; eine Nymphe weggelassen: W. 125 A.

b. zwei Silene und eine Nymphe dazwischen: M. Gr. II 14.1 a; M. 48 O. (Ebenso Göttin M. 1093 AB); bloss die eine Seite bei Göttin in einer etruskischen Nachahmung L. 73; ein Silen weggelassen: L. 206 B (D. u. Göttin auf einem Stuhl).

c. Silen, Mann und Frau: . . . ., mit Göttin L. 443 B.

C. auf jeder Seite a. Silen und Nymphe: Nikosthenesschale Nr. 61 A Klein (Archaeol. Ztg. 1885 T. 16); M. 102. 142 O. 1275; S. 161; W. 125 O. 128 O [G. IV 315]. S. kaschen N.: (Dionysos mit Göttin) L. 327, 1, abg. Archaeologia XXXII T. 12 (Hermes beigefügt) oder heben sie auf (L. 555; R. C. 226). Die Nymphen reiten auf Eseln: L. 557. Statt einer Nymphe Mann mit Trinkhorn: L. 443 (D. mit Göttin); eine Nymphe fehlt B. 1876 B; M. 689 B. 1288; ein Silen S. 175 B.

b. zwei Nymphen: M. 1150 AB. Eine Nymphe beigefügt: M. 460 AB.

c. zwei Silene: I. II 124 (je einer hat eine Chlamys); W. 427 B; ein Silen fehlt: W. 253 B. Je ein Silen auf Esel: L. 437 A (D. gegenüber Hermes). B (D. gegenüber Göttin).

D. a. zwischen zwei Silenen: A. 319; B. 1941; M 106 B. 519 AB. 640 AB. 1318 A; Ma. 48 B (= Catal. Durand 325); N. 2461. (durch $Ae_{gen}$ getrennt 2509 AB); Ö. 224 B. 244; R. C. 230. 232; W. 402. 403 [1]). I 80. D. zwischen zwei Göttinnen: M. 450. Ebenso Göttin: A. 326.

b. zwischen zwei Nymphen: A. 317. 323; L. 440 AB; M. 744 B. 1141 A. 1149. 1152. 1218 A; W. 126 A, Nymphen auf Eseln: . . . . . . . .; statt Dionysos Leierspielerin (?) A. 306.

c. zwischen Nymphe und Silen: M. 45; N. 2747 B; R. C. 204 B.

E. a. vor oder hinter ihm ein Silen: B. 2128 A (bringt Trinkhorn und Weinschlauch); M. 1089. 1102. 1161. 1319 B; S. 142 AB (mit Flöte); W. 361; mit Maultier: M. 135; W. 220. Dionysos in Gesellschaft des Hermes: M. 691 B. Analog Göttin: L. 378 A, zwei Göttinnen: N. 2733.

b. eine Nymphe: B. 1863 B. L. 276 B. 279 B. 282 B; M. 106 A. 113 (mit Leier). 318 AB. 362 B. 364 B. 366. 482 B. 494 B. 616 AB. 618 B. 1221 A. 1248 B (auf der Rückseite „A" ist D. zur Abwechslung unbärtig). 1279 B. 1281. 1310; N. 2149 A; W. 422 B.

## 3. Der gelagerte Dionysos:

A. a. auf Kissen und Decken: L. 369 A. 511 (sitzend); M. 417. 1148 A; rotfigurig in der Fabrik des Nikosthenes (Nr. 76 O Klein). Dabei Göttin daneben gelagert L. 556 (in einer Grotte); M. 104 AB. 1284; Göttin auf Stuhl: M. 580, zwei Göttinnen: M. 1124. Analog Hermes W. 45 AB, daneben Silen auf liegendem Ziegenbock Bologna Nr. 47 AB (Heydemann, Mitteilungen S. 60); Göttin M. 1126. 1128 (dabei ein Reh); Silen: L. 373 A; Élite céramogr. I 49 a.

b. auf Ruhebett: L. 289 AB; M. 422 (mit 2 Böcken) S. 181 B; Kypseloslade (Pausanias 5, 19, 6, in einer Grotte). Dabei eine Göttin sitzend: A. 334 (?); B. 1931; M. 319 A, mit Dionysos auf demselben Ruhebett: M. 92. 186 AB, oder auf besonderem L. 476; zwei Göttinnen sitzend: A. 316; drei Göttinnen: A. 318; B. 1931. Analog Herakles, aber statt der Göttinnen Hermes (N. 2819 B in Grotte) oder Iolaos, Athene und Dionysos (Heydemann, Vasenbilder T. 3, 1) sitzend, c. a.

B. mit anderen dabei stehenden Göttern (Athene, Hermes, Apollo, Hephaistos): M. 388 B (rotfg. S.); G. II 108. 142; dabei Silene L. 302. 2. Analog Herakles L. 301 [Gerhard, Trinkschalen T. C 6 = Micali, storia T. 89]; M. 388 A; Klein, Lieblingsinschr. 836 n. 4; vgl. auch L. 369 AB.

C. a. zwischen zwei Silenen: α) auf dem Boden M. 85; β) auf Kline L. 460 I 2; N. 2496 AB. 2751. Dabei eine Göttin sitzend: . . . . . . ., zwei Göttinnen M. 882 AB.

b. zwischen zwei Nymphen a) S. 178. Die Nymphen reiten: . . . . . . . ., dann Mundschenkin eingeschoben: A. 305; Stackelberg, Gräber T. 14, 4. Dabei Göttin sitzend: ? R. C. 170 (aber hier ist die Göttin erst nachträglich beigefügt).

c. zwischen Silen und Nymphe: L. 614 B; M. 756; W. 101 A (bärtiger Mann statt Silen). Göttin steht neben der Kline N. 2804 B.

[1]) Beide sind vorzüglicher Fabrik.

D a. ein Silen dabei: Roulez, choix T. 3, 1 a; A. 221, M. 1231; B. C. 236 AB (B ist die Vorderseite!); S. 154 AB; W. 23 A. 24 AB. 213, 215 AB, 435; mit Frau E. 1; Göttin auf Stuhl: L. 512; zwei Göttinnen auf Stühlen: A. 257. Analog Herakles: ? N. 2817 AB. N. 2816 ist eine unbestimmbare Pinselei.

b. eine Nymphe dabei: B. 2052 A; L. 511; M. 68 B. 71. 414. 1345. 1360 A, Ö. 229 (Analog Göttin: M. 1146 B). Dabei eine Göttin: . . . . ; zwei Göttinnen: A. 315 (die Nymphe flötet), 320; N. 2769.

Eine interessante Variation wird durch N. 2511 geboten: B bringt noch das altmodische Bild „Dionysos zwischen zwei tanzenden Nymphen“; A liefert das moderne Seitenstück: Dionysos ist nach Kalamis' Vorgange verjüngt und die Nebenpersonen in Kontrapost gebracht, indem eine Frau herbeikommt, der Silen aber vor einer Schlange zurückprallt.

Dionysos mit Freund auf der Kline: allein L. 615 AB; M. 459 (unbärtig); zwischen 2 Nymphen: A. 322. 303 (die Nymphen reiten).

Dionysos mit Frau auf der Kline: N. 2534 (zwischen 2 Silenen).

Die alte Komposition vermittelst eines dazwischen gesetzten Baumes, welche schliesslich von den Etruskern am meisten ausgebildet wurde, ist B. C. 238 verwertet: Zu den Seiten eines Weinstockes sieht man den gelagerten Dionysos und eine Nymphe, von zwei Silenen umgeben (ohne Baum Ma. 16).

Unsymmetrisch dagegen ist Ö. 217 A [das. T. 3] komponiert, wo Nymphe und Silen auf der gleichen Seite stehen.

## 4. Dionysos auf Viergespann.

(Vgl. Dümmler, Rhein. Mus. 1888 S. 356.)

A. Der Gott steht hinter dem Wagen; ein Silen streichelt die Pferde: B. 1962 (spät).

B. a. Dionysos besteigt das Viergespann, neben den Pferden eine Nymphe (meist mit Castagnetten): B. 1984 Rauch (dabei ein Bock) [Gerhard, etr. camp. V. T. 4 5], M. 1133 (dabei Hindin); ferner die ein einziges Original darstellenden M. 364 A, 482 A, 1133 und W. 122 A; ausserdem vor den Pferden eine Leierspielerin: B. C. 228 [abg. Vasi cum. III 1 = Bull. napol. V T. 10, 3].

b. Varianten: Hermes neben den Pferden, Nymphe hinter Dionysos B. 1893 Rauch [G. IV 253]; Athene neben dem Gespanne, Hermes voran Ö. 225 A; Hermes voran, Silen hinten, Mann und Frau (?) neben dem Gespann: S. 262 A (noch weiter entstellt B).

c. Leierspielender Silen und tanzende Nymphe vor dem Wagen: L. 263 A; drei leierspielende Silene im Hahnentritt vor dem Gespann: G. I 52 (wenn man beide Seiten verbindet).

C. Dionysos auf Viergespann: Ma. 42 B = Catal. Durand 398; Nymphe daneben, vorn Silen W. 114 B.

## 5. Dionysos reitet auf einem Esel („Maulesel“)

A. allein: M. 346. 550 B. 561 B. 668 AB 1246; S. 122. Analog Hephaistos L. 264 B u. ö.

B. a. ein Silen folgt: W. 375 (mit Weinschlauch und Trinkgefäss). Analog Hephaistos L. 265 B (dabei Ziege).

b. ein Silen geht voran: L. 460 AB; M. 550 A. 561 A; G. I 38 (die Flöte spielend); B. C. 191 B (unbärtig, dabei Reh).

c. eine Nymphe geht voran: M. 1308.

C. a. vorn und hinten ein Silen: A. 359; L. 225 B; M. 303 A. 360 A. 1271 B; N. 2701 A. 3360 A; B. C. 216 B. 221 A; Monumenti IX 9 10, Bullettino napol. n. s. V T. 10, 1 = Not. d. vasi dip. rinv. a Cuma T. 1; Gerhard, etr. u. kamp. Vasenb. A 17; dazu noch ein Silen hinten: L. 513, oder eine Nymphe L. 878 B.

b. vorn und hinten eine Nymphe: A. 308. 357; M. 208; S. 164; W. 120 B. 1 Nr. 69 AB.

D. zwischen zwei Paaren: B. 1906 O; M. 60 O. 1262. 1272. Die Silene umfassen die Nymphen, um sie reiten zu lassen: M. 577. Die Nymphen reiten auf den Silenen: L. 295 A; M. 1318 B.

Asymmetrisch: vor Dionysos ein Paar B. 1869 B; W. 111 B (Silen umfasst Nymphe).

## III. Eselreiter.

A. Nymphe (nach Mannerart reitend) zwischen je 1 Nymphe u. 1 Silen: M. 489 (nackt); ein Silen fehlt B. 1920.

B. a. Silen zwischen zwei Silenen: M. 117 B. 312 B.

b. nackter Mann (Satyr?) zwischen Silen und Nymphe: B. 2067 A; M. 557 AB; bekleidet (Dionysos oder Hephaistos): Benndorf T. 52, 1 (auf dem Boden Mischkrug).

c. nackter Mann zwischen 2 Frauen: M. 1175.

B. gepaart mit nicht reitenden Personen a. Männer mit 3 Nymphen und 1 Silen zu Fuss: B. 2071 (weissgrundig);

b. mit Sitzenden: B. 2010, schreitend 1 Frau mit Leier, sitzend 2 Männer und eine Frau, abgekürzt M. 415 (2 reiten, 1 sitzt, 2 auf den Füssen).

C. nur ein Paar: Nymphe reitend, vor ihr Dionysos M. 454 B (nackt) oder Silen M. 454 A (nackt) oder Mann mit Chlamys und Knotenstock: W. 95 A. Vgl. oben S. 31.

D. Einzelner Reiter: Silen B. 1740; M. 678 AB; über Münzen s. Bolle, Silene S. 34 35.

## IV 1. Schematische Bildchen von Tänzern.

A. zwei um ein grosses Gefäss gruppiert: am reinsten an der kyrenaischen Vase Seite 17; weiter gebildet B. 1662 B (korinthisch, je zwei), 2081 und an der Amphora von Kamiros, abg. Journal of hellenic studies 6, 181. Ein dritter Silen beigefügt L. 613; M. 117 (durch eine Tanne getrennt). 999 B. Analog 2 Silene um einen Weinstock oder Strauch: B. 2125 B (kampanisch); M. 1129 B.

B. drei, wobei der mittlere musiciert (Schale des Ergotimos: G. III 238; erweitert B. 2086 AB [je zwei]; verfässt B. 2124 AB) oder singt (L. 562);

C. der Mann in der Mitte springt empor: W. 326 B;

D. Komposition in Paaren, wobei immer der eine noch einen Überwurf (reduciert auf ein Paar: W. 371 B. 398 B) oder eine Leier (L. 563) oder ein Weingefäss (B. 2035) hat; Paare, die sich decken: L. 64.

E. dekorative Bilder ohne Gliederung: zwei B. 4024 A (etruskisch); K. 8; M. 967 AB. 1089; drei L. 64 B; M. 23 AB. 629 AB. 914 B. 1038; vier: A. 233; M. 631 AB. 1012 B; Ö. 216 (abg. das. T. 3); Röm. Mitt. 1888 S. 176 Nr. 3 Fig. 7; Nikosthenes Nr. 22 AB (Klein); fünf: L. 560 (im Zug); M. 590 B; W. 431; acht: I. II 109/10 (vgl. Röm. Mitt. 1888 S. 176 Nr. 4) u. a. — Einzelfiguren sind häufig.

## IV 2. Tanzende Nymphen und Frauen.

Krotalen, Epheukranz, Nebris und Rebzweige in den Händen können auch irdische Verehrerinnen des Dionysos kennzeichnen. Umgekehrt wird man eher an letztere denken, wenn eine Flötenspielerin dabei steht (L. 377 B) oder Fackeln ein Nachtfest andeuten (L. 229 B = G. II 134). Sonst sind die Zeichnungen alle schematisch-dekorativ: Eine Frau: A 309. 310; L. 74 (etruskisch). 444 (vielleicht mit Krotala). 683 (mit Leier). Zwei 1. mit Krotala B. 2096; M. 431 B. 988. 1284. 1349 (etruskisch, mit Baum dazwischen); S. 140; W. 409, 2. mit Rebzweigen: M. 490 B. 1106. 1357 B. 3. die eine mit Krotala L. 277 B; W. 871 A. 3. mit Nebris: M. 785 A. 4. die eine mit Ziege, die andere mit Panther in den Armen: L. 515 (s. S. 34); 5. ohne etwas, aber im Felde Zweige: L. 479; M. 527 B. 575 B (hier Myrtenzweige). 621 B. 1273. 1288 B?. Drei: A. 226 B (mit Thyrsosstäben). Die mittlere ist hervorgehoben a) positiv durch Leier L. 565 oder Zweige B. 2027 oder Nebris N. 2530 A; b) negativ, indem nur sie keine Rebzweige hat: M. 724 B. Vgl. Monumenti I 26, 19. Vier mit Nebris L. 669 (abg. das. T. 7, 2); M. 1204 (vielleicht mit Flötenspieler A. 174). Die dekorative Auffassung erreicht ihren Höhepunkt in den Reihen von 3, 4, 5 Frauen, aber auch Männern, welche ein kolossales Epheublatt in der Hand halten: Diese Vasen sind wohl aus einer und derselben italischen Fabrik hervorgegangen (M. 1046. 1048 — 1067 — 1053. 1057. 1059. 1063 — 1068 — N. 2737); eine primitive Vorstufe glaube ich an messapischen Vasen zu finden (vgl. Monumenti antichi VI T. 13, 2).

Ein Bild von altertümlicher Symmetrie hat Pasiades signiert; die zwei Frauen, deren eine eine Schale hält, sind um einen Kranich gruppiert (L. 668 = Journal of hellenic studies VIII T. 82).

## IV 3. Schematische Bilder von Tänzen der Silene und Nymphen.

A. a. Silen zwischen zwei Nymphen: L. 270 B. 625; S. 124. 138;

b) Nymphe zwischen zwei Silenen: A. 253. 255; B. 1877 A. 2026. 4004; Göttingen Nr. 548. 550?; L. 269 B. 353. 615; M. 83 AB. 740 B. 1352 B; S. 129 AB. 174; W. 419. 426 B; zwischen je zwei: B. 1791 A; L. 177 B; ein Silen fehlt: Klein, Lieblingsinschr. 87.

c. Silen führt 2 Nymphen: M. 179 B.

d. Nymphe führt 2 Silene: L. 517; M. 269 C.

B. Paarweiser Tanz: Nikosthenische Vasen Nr. 1 B. 17. 19 (L. 296 = Genick, Keramik T. 4). 23?. 27 Klein; chalkidische Vase in Leiden Roulez, choix T. 5; L. 103, 16?. 111?. 114?. 126. 553 [Millingen, vases de Coghill T. 39]. 558. 600, 8?. 55?. 601, 29?; M. 608 AB; 672 B; S. 185 B. 189. Zwei Nymphen zwischen zwei Silenen: M. 390; N. 2708. Eine Nymphe fehlt: Nikosthenische Amphora Nr. 15 [W. V. 1890/1 T. 1, 2]. 20? [Ö. 231 = W. V. 1890/1 T. 2, 1 a]. 21. 54; L. 263 B; M. 672 A. 1127; N. 2727; erst auf der Rückseite: S. 185 „A". Ein Silen fehlt: Nikosthenes Nr. 21 (dafür eine Amphora); B. 1791 B; M. 140 AB; statt Nymphe flötenblasender Silen hinzugefügt: B. 1697 B [Panofka, Parodien und Karrikaturen T. 1, 5]. Die Vase ist interessant, weil die Personen erst zum Tanze antreten. Flötenspielende Nymphe beigefügt: M. 620 [G. II 142].

C. nur ein Paar: B. 4024 B; L. 280 B; Ma. 2 B. 15 B; N. 2735 A. 2758 AB (Silen mit Krummstab?). Spiel und Ernst im Haschen sind kaum zu scheiden: z. B. A. 228 AB; L. 278 B (S. mit Leier!); N. 3360 B; R. C. 220 A; S. 134 a. 6.

## IV 4. Schematische Bilder von tanzenden Männern und Frauen.

A. a. Mann zwischen zwei Frauen: B. 1920; L. 108, 84; M. 982 U (mit Rüstung und Schwert). 987 A (mit Krummstab); W. 121 B.

b. Frau zwischen 2 Männern: M. 143 B. 633 AB; N. 2430 A (mit Zweigen bekränzt); S. 130 B (eine grosse Schale reichend); W. 107 B. 391 A.

B. Paarweiser Tanz: L. 102, 24?. 103, 2?. [Naucratis II T. 21, 826]; M. 1115. 1167 AB; W. 1 115; Benndorf, griech. und sic. Vasenbilder T. 43, 1.

C. nur ein Paar: A. 254. 256; W. 398; zwischen zwei Zuschauern N. 2726.

Abb. 11.

# Glossar.

Χιτῶνα Alcaeus 16, 2. Phocylides 11, 1; [illegible] Alcman 22, 1; [illegible] Archilochus 83.

Lager: κλίνη Alcm. 74 B 1; [illegible] Anacreon 138. Tisch: τράπεζα Alcm. 74 B 1. Anacr. 121, Xenophanes 1, 9.

Gefässe (ἄγγεα; [illegible] Xen. 1, 6): Weingefäss: πίθος Archil. 4, 2. Anacr. 17, 2; Mischkrug κρατήρ, κρητήρ Alc. 45, 3. Sappho 51, 1. Anacr. 94, 1. Xen. 1, 4; Schöpfkelle ἀρυστήρ Semonides 25; Krug zum Schöpfen und Einschenken: ὄλπις Sappho 51, 2; κελέβη Anacr. 32, 2[1]), 42, 63. Messgefässe: λάγυνος (Stesichorus 7, 1 τριλάγυνος, vgl. Athenaeus p. 499 b—e); [illegible] Alc. 139[2]); [illegible] (= ½ κοτύλη) Hipponax bei Hesychius s. v.; [illegible] (= ½ κοτύλη) Anacr. 63, 5 (τριλάβος 32, 2). Trinkbecher: ποτήριον Alc. 52. Sapph. 67. Sem. 26; κύλιξ Alc. 41, 5. Sapph. 5, 9. Phoc. 11, 1. Sem. 27. Hipp. 95, 2. Xen. 1, 2. 4, 1; κύλιχνα Alc. 41, 2. 43, 2; καρχήσιον Sapph. 51, 3; δέπας Stes. 8; σκύφος Alcm. 34, 3 (noch wie bei Homer ländliches Trinkgeschirr) = σκύπφος Anacr. 82, 1 (auch in der Melampodie), [illegible] δέπας Stes. 7, 1. Feldflasche: κώθων Arch. 4, 1 (vgl. Athenaeus p. 483 b).

Kränze und Zweige: στέφανοι ἀνθεμόεντες Anacr. 62, 2 f., ῥόδινοι Anacr. 83, 1. [illegible] Anacr. 83, 2. [illegible] Xen. 1, 2; στεφανίσκοι [illegible] Anacr. 54, 1; ὑποθυμίδας [illegible] Alc. 36, 2. Sapph. 46. [illegible] Anacr. 39; ὄρπακες [illegible] Sapph. 78, 2, vgl. Alc. u. Anacr. bei Pollux 6, 107; θαλλὸς μυρσίνης ῥοδῆς τε καλὸν ἄνθος Arch. 29, 1 f[3]); μύρτα Anacr. 123; [illegible] Anacr. 123; Binden: [illegible] Alcm. 34, 6; μίτρας [illegible] Anacr. 65, 2 f.

Salben: μύρον Alc. 36, 3. 41, 1. Anacr. 9, 3; Xen. 1, 3 (vgl. [illegible] Arch. 50); Salbengefäss: [illegible] Xen. 1, 3. Weihrauch: λιβανωτός Xen. 1, 7.

Kuchen u. dergl.: ἄρτοι [illegible], [illegible], [illegible], [illegible] (in [illegible]) Alcm. 74 B 3; [illegible] Solon 38, 1; Anacr. 17, 1; [illegible] Anacr. 139; [illegible] Solon 38, 3, vgl. 39—41.

Bedienung: [illegible] Sapph. 5, 4. 51, 2. Anacr. 32, 1; [illegible] θεράπων Anacr. 161, παῖς Anacr. 62; [illegible] Anacr. 32, 1.

Musik (μουσική Xen. 1, 12): Flöte αὐλοί [illegible] Anacr. 20, [illegible] Anacr. 78, vgl. 82; Saiteninstrumente: βάρβιτος Sapph. u. Anacr. bei Athen. 4, 182 f; βάρωμος (βάρμος) dies.; [illegible], [illegible] Sapph. 122; Anacr. 17, 3. 22; χέλυς Sapph. 45, 1; [illegible] Alcm. 81, Anacr. 18; ψάλλειν Anacr. 17, 3. 18, 1. Kastagnetten der Frauen: vgl. [illegible] Anacr. 90, 2.

Gesang: [illegible] Anacr. 63, 11; διθύραμβος Archil. 77; ἰάμβους wurden dem Archilochos zugeschrieben.

Tanz: [illegible] Anacr. 63, 6; ὀρχεῖσθαι Anacr. 20. 69. (Sapph. 54, 2); [illegible] Anacr. 2, 4. 14, 4; Schrittbewegungen: [illegible] Anacr. 151, [illegible] Anacr. 168, [illegible] Anacr. 55, [illegible] Anacr. 134. Lascive Tänze: ([illegible]) [illegible] Anacr. 59, vgl. Ibycus 10 B; [illegible] Ibyc. 61.

Spiel: [illegible] Anacr. 53; [illegible] Alc. 43.

Frauen: [illegible] Anacr. 55; Übelnamen Anacr. 164—9.

Trinken: [illegible] Anacr. 63, 2; [illegible] Anacr. 63, 3, [illegible] das. V. 11, [illegible] Anacr. 90, 4.

Trunkenheit: [illegible] Anacr. 147.

Ὕβρις Xen. 1, 17, vgl. [illegible] Anacr. 63, 5.

Κῶμος (Hermeshymnus V. 481) [illegible] Alc. 56. Anacr. 17, 3. 131.

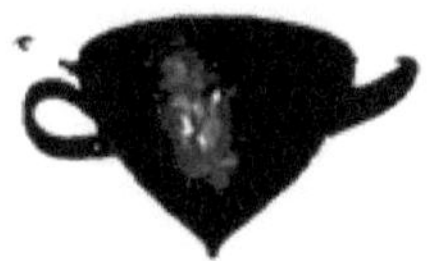

Abb. 12.

---

[1]) Mit der τριλάβος κελέβη meint der Dichter, der [illegible] verbeten, kleine Kelchbecher wie sie mit freien rot-figurigen Bildchen oft vorkommen (s. B. W. 1 Nr. 136). Der Zeit nach passt besser das 5,2 cm hohe Glasgefäss aus Eleusis Ἐφημ. ἀρχ. 189[illegible] T. 2, 9. Der Name Kelebe wird in der Vasenkunde falsch angewendet.

[2]) Dem Masse nach entsprechen die gewöhnliche einhenkelige „Kyathis" (wie W. 21[illegible]) und die kleine „Oinochoe" W. 34, wie durch Versuche konstatiert wurde.

[3]) Bergk bezieht die Stelle auf Archilochos' Braut, aber Synesios bemerkt zum Folgenden „ἐν ἑταίρας ἐπαίνῳ".

## Beschreibung der Abbildungen.

Abb. 1 (S. 12): Votiv aus Terrakotta, grösste Länge 12 cm; auf dichtem weissem Malgrund, aus welchem da und dort der hellbraune Ton hervortritt, rot bemalt (die Bemalung ist an Gesicht, Hals und Handgelenken am besten erhalten); in der unregelmässigen Basis ist ein Brennloch eingedreht. Eine auf Decke gelagerte Göttin in langem Chiton, das Hinterhaupt mit dem Obergewand verhüllt, in der R. Trinkhorn, in der L. einfache Leier (?). Aus Theben. Aus Mittelgriechenland.

Abb. 2 (S. 16): Trinkbecher, 14,9 cm hoch, 25,8 cm Mündung. Schwarz mit schlechtem Weiss und Rot (das vielfach geschwunden); rohe Gravierung. A. vier Ruhebetten, vor jedem ein Tisch und Schemel; auf dem 2. und 4. (v. r.) lagern je ein Mann und ein Jüngling, auf dem 1. nur ein Jüngling, auf dem 3. ein Mann. An der Wand zweimal je ein Trinkhorn, ein Kranz und eine Leier. B. Drei Paare nackter Hopliten (Helme, grosse Rundschilde, Lanzen) im Kampf. I. Grosser Hahn (roter Kamm thongrundig), darüber fächerartiges Ornament. Aus Theben (Invent. H 157).

Abb. 3 (S. 20). Amphora, 22 cm hoch, Mündung 8,5 cm weit. A. Zwei mit Chlamys bekleidete und mit Epheu bekränzte Männer tanzen lebhaft dahin: der eine (r.) hält einen Stock in seiner L. Zwischen ihnen Hund, der das eine Vorderbein erhebt. B. s. Text. Späterer Stil. Aus Vulci. Urlichs, Verz. III Nr. 295.

Abb. 4 (S. 22). Unvollständige, aus 6 Stücken zusammengesetzte Trinkschale der kyrenäischen Art. Schwarz auf hellem Grund; Rot teils auf Schwarz, teils auf dem Grund selbst (Kämme der Hähne und der Vogel unter dem Tisch). Aussen: Zur L. der beiden Henkel horizontaler Palmfächer (Innenteil rot); dann Granatblüten; darüber grosse Granatblüten; darunter roter Streifen und endlich Strahlen. Innen bärtiger Mann auf hohen Kissen und Decken, von denen lange Fransen herabhängen; die Beine des Lagers laufen in umgekehrte jonische Kapitelle aus. Der unterwärts bekleidete Mann hat eine rote Kopfbinde in der Hand; zu seinen Füssen kauert auf dem Lager eine kleine Flötenspielerin. Neben dem Lager steht ein Esstisch, unter dem ein Vogel pickt. Gegenüber dem Manne steht ein bekleideter, langhaariger Flötenspieler, während hinter jenem ein Jüngling, der ein rotes Brusttuch umgeschlagen zu haben scheint, tanzt. Diese Scene ist oben mit einer Reihe kleiner Granatblüten eingerahmt. Im Abschnitte unten stehen zwei Hähne zu den Seiten eines Kreises.

Aus Vulci. Besprochen im Verzeichnis Heft III Nr. 434, dann von Furtwängler, Satyr aus Pergamon S. 24 Anm. 2 und Dumont-Chaplain, céramiques de la Grèce propre I S. 299 Nr. 13.

Abb. 5 (S. 23): 18 cm hoch, Öffnung 13 cm. Figuren schwarz mit Rot und Weiss (welches die schwarze Vorzeichnung z. B. an der erhobenen Hand der einen Frau nicht völlig deckt). Innenzeichnung graviert. Am Leibe herumlaufendes Bild: je eine Frau zwischen zwei bärtigen Männern auf Kissen gelagert; vgl. oben S. 23. Die Frau der nicht abgebildeten Seite hat statt der Myrtenzweige eine Haube, die Männer trinken aus einer Schale, resp. einem weissen (silbernen) Kantharos. Über den Henkeln hangen Gewänder. Am Halse kleinere Figuren: Drei Männer und drei Frauen liegen in bunter Reihe auf dem Boden; die Männer haben je drei Kuchen vor sich. Die Wand ist mit Tänien geschmückt.

Aus Vulci. Besprochen: Verzeichnis, Heft III Nr. 890.

Abb. 6 (S. 24): 39 cm hoch, Öffnung 15 cm. Schwarzer (aber schlechter, ins Bräunliche spielender) Firniss mit Weiss und Rot, die vielfach geschwunden sind, ziemlich rohe Gravierung, blasse Farbe des sehr leichten Thones. An Hals und Schulter die üblichen Ornamente; dann drei Figurenreihen. Die erste ist durch die Henkel in zwei Teile geteilt. Vorn Komos von zwei bekränzten Männern (in engem Wamms), zwischen denen eine Frau (in ähnlichem, aber gestickten Kleid) mit dem Trinkhorn in der Hand tanzt; das Weisse ist bis auf wenige Spuren weggeputzt, aber die Form des Auges weiblich. Zu beiden Seiten ein Frauenvogel. Auf der anderen Seite fliehende Amazone (in Helm und gegürtetem Chiton, den weisse Frauenvogel (?) schmücken), welche Schild (am Rand silberne Nägel) und Lanze gegen den unsichtbaren Verfolger zurückstreckt. In der zweiten Zone ein Paar Hähne zwischen einem Frauenvogel und einem Panther; Schwan zwischen zwei Stieren, deren Hörner abwärts gebogen sind. In der 3. Reihe: Panther, dann Stier, hierauf Panther; dann Stier gegen den l. gekehrt. Im Felde einzelne Rosetten. Unten Strahlen.

Aus Vulci. Besprochen: Verzeichnis Heft III Nr. 83.

Abb. 7 (S. 28): 9 cm hoch, rosenrote Bemalung, Purpur auf Wangen, Lippen und Augen (?). Rücken nicht gereinigt. Boden hufeisenförmig, in der Mitte kleines Loch zum Aufstecken der Figur. Sehr dicker ithyphallischer Satyr, welcher sich kauernd mit den Händen den Bauch hält. Er hat eine aufgestülpte Nase, wulstige Lippen, ein fettes bärtiges Kinn und hochsitzende, rundliche Tierohren.

Aus Theben.

Abb. 8 (S. 28): 15 cm hoch, oben 10,2 cm breit. Das Nackte rot bemalt; auch hinter den Ohren rote Spuren, sonst teils weiss, teils noch mit einer Erdkruste überzogen. Thönerne Maske des Dionysos, welche mittelst der zwei oben eingebohrten Löcher aufzuhängen war.

Aus Theben.

Abb. 9 (S. 29): 23 cm hoch, Mündung 41 cm. Schwarz mit reichlichem Weiss und Rot; zwei rote Flecken im Felde; vielfältig graviert; schöne Farben, aber die schwarze Grundzeichnung ist oft sehr flüchtig. Ein Henkel mit Einsattelung. Zwischen traubenreichen Weinstöcken sitzt der alle überragende Gott Dionysos (Epheukranz und bunte Gewänder) auf Klappstuhl, indem er in der R. den Kantharos hält und die L. erhebt. Von den 8 kleinen Silenen, welche rotes oder weisses Haar, roten oder weissen Schwanz und roten oder schwarzen Phallos haben (Schwanz und Phallos sind nicht an allen sichtbar) lesen 5 Trauben; r. kniet einer mit weissem Kranz (auf Thongrund) in der R., vor ihm tanzt ein Silen in langem Chiton. L. kauert einer auf dem Boden; eine Magd trägt einen Traubenkorb fort.

Aus Vulci. Besprochen: Verzeichnis III Nr. 86; Bulle, Silene S. 38.

Abb. 10 (S. 32): 41 cm hoch, Mündung 14 cm. Gewöhnliche Technik. A. Eine mit Epheu bekränzte und einen Rebzweig haltende Frau in aufgeschürztem Chiton und Obergewand reitet nach Männerart auf einem Esel; vor ihr geht, nach ihr umblickend, ein epheubekränzter Mann, das Obergewand von der l. Schulter herab, in der R. den Knotenstock. B. Unbärtiger Kitharode (langgewandet, r. Haarbinde) spielt auf der w. u. r. verzierten Leier, an der r. Bänder hangen, zwischen den üblichen Hahnensäulen. — Im Felde Ranken. Unten kleiner Fries von drei Paaren Eber und Löwen, dazu ein überzähliger Eber. Am Fusse Strahlen, am Halse Palmetten. Unter den dreifachen Henkeln Systeme von 4 Palmetten, 2 kleinen und einer grossen Knospe; auf der einen S. ist ein Rabe beigefügt.

Aus Vulci. Besprochen: Verzeichnis III Nr. 66; Archaeol. Anzeiger 1847 Sp. 25 Nr. 24.

Abb. 11 (S. 44): 13,7 cm Durchmesser, 8 cm tiefe Schale aus grünlichem Glasfluss mit gepresstem Blattornament.

Aus Kreta.

Abb. 12 (S. 44): 9,6 cm hoch, Mündung 14,5 cm. Fussloser Skyphos mit zweierlei Henkel (der horizontale ist zum Aufhängen, der breite vertikale zum Fassen und Umdrehen bestimmt). Übliche Technik; sehr eingehende Gravierung der Kleidermuster und der behaarten Brust eines im Profil stehenden Silens; Kniescheiben mit drei Strichen bezeichnet.

A. Der bekränzte Dionysos, mit Rebzweig und Trinkhorn in den Händen, geht nach r. hinter einer, einen Knaben in ihren Armen tragenden Göttin, welche nach ihm umblickt. R. u. l. tanzt ein Silen; r. steht Hermes in gewöhnlicher Tracht, welcher den r. Arm erhebt. B. Dionysos sitzt, einen Rebzweig in der L., nach r. auf einem Klappstuhl; zu beiden S. tanzen je zwei Silene. Der hinter Dionysos befindliche, welcher die Flöte spielt, hat Tier- (Pferde- oder Ziegen-) Beine. Im Felde Ranken.

Aus Vulci. Abgeb. Monumenti I 27, 49; G. I 56, 1; vgl. Annali 3, 256; Urlichs, Verz III Nr. 427; Bulle, Silene S. 7.

Tafel 1. Phineusschale: vgl. vorläufig mein 25. Programm (Würzburg 1892). Beide Seiten der Vase sind in natürlicher Grösse von dem hiesigen Hofphotographen Gundermann photographiert, an den die Interessenten sich direkt wenden mögen.

Tafel 2. und 3. Amphora 42 cm hoch, Durchmesser der Mündung 15,5 cm; auf den schwarzen Figuren nur spärlich rotviolette Deckfarbe (Bärte, Schwänze mit einer Ausnahme, Gewandfalten, einige Epheublätter und die Hälfte der Schulterornamente); grobes Kreideweiss auf Dionysos' Chiton und drei Ringen des Klappstuhles; eingehende, gewandt ausgeführte Gravierung; dreifache Henkel; unter denselben Systeme von 4 Henkelpalmetten und 3 Knospen; Fuss in der Mitte roh, wie ohne Drehscheibe gemacht. Eingekratztes Zeichen ähnlich N. 2501. Über die Darstellung s. S. 29.

Vielfach gebrochen und zusammengeflickt (z. B. am Unterleib des kleinen Silens T. 3). Aus Vulci. Vgl. Urlichs, Verzeichnis III Nr. 93; Bulle, Silene S. 58.

*Tafel II.*

Tafel III.